Il Manu: Pesca Fai Da Te

L'Autocostruzione per la Pesca in Mare e in Acqua Dolce per Canna Fissa, Spinning, Light Rock Fishing e Tenkara

–

Costruiamo insieme Canne da Pesca, Galleggianti ed Esche Artificiali

Lelio Zeloni

CW01394305

Copyright © 2023 Lelio Zeloni

Tutti i diritti riservati

ISBN: 978-1-80361-369-7

Copertina: Carlotta Zeloni

Autore:

Zeloni Lelio nasce a Prato l'8 Agosto del 1953. Sin dall'adolescenza ha avuto due passioni, la pittura e la pesca. Nel corso degli anni ha praticato lo spinning, la pesca a mosca, la tenkara e naturalmente la sua preferita, la pesca con il pane. Queste esperienze in tecniche diverse, gli sono servite per diventare il pescatore esperto che è oggi.

leliopesca.com

Youtube: Lelio Pesca
Instagram: Lelio Pesca
Facebook: Lelio Pesca

In nessun caso qualsiasi responsabilità o responsabilità legale sarà ritenuta responsabile nei confronti dell'autore, per danni, riparazioni o perdite monetarie dovute alle informazioni contenute in questo libro. Direttamente o indirettamente.

Le riproduzioni effettuate per finalità di carattere professionale, economico o commerciale o comunque per uso diverso da quello personale possono essere effettuate solo a seguito di specifica autorizzazione rilasciata dall'autore.

INDICE

Prefazione... 7

Introduzione..13

1. Le Origini della Mia Pesca.................................**17**

Osservazione...18

Passione..24

Il pescatore sul fiume...26

La prima canna da pesca......................................28

2. Le Canne da Pesca..**37**

La Canna Fissa..39

Suggerimenti per la raccolta delle canne in bambù.....42

Iniziamo la costruzione della canna fissa....................46

Costruzione del manico in bambù...............................52

Come montare il cordino in vetta alla canna...............54

Le varie azioni della canna..57

Vari tipi di innesto..59

La Canna da Spinning...61

La costruzione della canna da spinning........................65

Il manico...*69*

Anelli guida lenza..*71*

La Canna per il Light Rock Fishing.....................77

3. I Galleggianti..**81**

I Galleggianti Affusolati......................................84

I Galleggianti a Pera o a Goccia Rovesciata.....................87

I Galleggianti a Sfera......................................89

Galleggianti e tecniche diverse........................91

Galleggianti Scorrevoli................................*92*

Galleggianti per la Pesca All'Inglese..........................*93*

Galleggianti Piombati..*95*

Galleggianti Luminosi..*95*

Costruzione galleggianti........................97

Il Galleggiante Classico......................................99

La colorazione..*103*

Conclusione..*104*

Il Galleggiante Scorrevole......................................105

Il Galleggiante all'Inglese................................108

Il Galleggiante Piombato...113

Come fare le lenze per i vostri galleggianti fai da te........118

Come piombare i galleggianti che avete costruito.....119

Come preparare una buona lenza.............................122

La scelta delle esche...125

L'esca filosofale...132

4. Le Esche Artificiali...137

Il Cucchiaino Rotante..139

Il Cucchiaino Ondulante..146

Il Minnow..153

5. La Pesca con la Mosca Artificiale................................167

Le Mosche Artificiali...175

La mosca secca..175

La mosca sommersa..177

La pesca a ninfa...180

6. Costruzione delle Mosche Artificiali.............................183

La Camola..185

Lo Spyder...188

La Mosca Kebari..191

Conclusioni sull'autocostruzione delle mosche..............199

Conclusione...203

Prefazione

Cari Amici Pescatori e Appassionati del Fai Da Te, benvenuti a bordo nella nuova entusiasmante avventura di mio padre "Il Manuale della Pesca Fai Da Te", un'opera che celebra l'autocostruzione nel mondo della pesca, esplorando le sfide e le gioie del creare le proprie attrezzature per la pesca in mare e in acqua dolce.

Questa guida completa vi condurrà attraverso un viaggio stimolante, unendo la passione per la pesca all'arte creativa della costruzione di attrezzature personalizzate.

Quello che mi ha fatto capire mio padre, è che la pesca, è molto più di un semplice passatempo ricreativo; è un legame profondo con la natura, una sfida stimolante e una forma di espressione individuale.

Ecco, "Il Manuale della Pesca Fai Da Te" è pensato per coloro che desiderano approfondire questa connessione, esplorando il mondo affascinante della costruzione di attrezzature su misura per soddisfare le proprie esigenze specifiche e per creare qualcosa di unico per rendere ancora più emozionante l'esperienza della battuta di pesca.

Ma questo manuale non è solo una guida pratica, è una chiave che apre le porte a un mondo di creatività, conoscenza, sfide mentali e gratificazioni personali.

La soddisfazione personale che deriva dal vedere il frutto del proprio lavoro, dalla curva di una canna fatta a mano al luccichio di un'esca artigianale, è insuperabile! Questa esperienza è testimoniata nella passione di mio padre quando pesca con le sue creazioni. La soddisfazione derivante dalla cattura di un pesce con attrezzature autocostruite è impareggiabile!

E che dire dell'allenamento mentale? Ogni pagina è un invito a espandere le vostre competenze cognitive, trasformando la costruzione di canne, galleggianti ed esche artificiali in un processo di pensiero creativo che viaggia attraverso la progettazione, la scelta dei materiali e l'adattamento alle vostre necessità.

L'apprendimento continuo è il motore di questo viaggio, poiché scoprirete come l'autocostruzione non solo stimoli la mente, ma contribuisca al vostro potenziamento cerebrale, migliorando la neuroplasticità del cervello e mantenendolo giovane ed elastico. Oltre a fornire dettagliate istruzioni pratiche, l'obiettivo di questo libro è ispirarvi a esplorare il vasto mondo della pesca fai da te, dove ogni progetto diventa un'opportunità di auto-scoperta e sviluppo personale.

Ma la costruzione delle vostre attrezzature non solo stimolerà la vostra mente in modi nuovi e stimolanti, vi renderà pescatori più competenti, più consapevoli dei vostri strumenti e del loro utilizzo, vi aiuterà a comprendere la funzionalità delle vostre attrezzature e tutto questo contribuirà notevolmente al vostro successo nella pesca.

Ma i benefici di questo manuale non finiscono qui, perché oltre al risparmio economico intelligente e alla capacità di personalizzare le attrezzature, la pesca fai da te assume un significato più profondo nella sostenibilità ambientale, la possibilità di riutilizzare materiali e creare attrezzature durevoli contribuisce a ridurre l'impatto ambientale, trasformando la pesca in un atto di amore e rispetto per l'ambiente che tanto amiamo.

Per concludere, vorrei invitarvi a guardare oltre le pagine di questo libro. Credo che questo manuale può diventare una porta d'ingresso a una comunità di appassionati che condividono lo stesso amore per la pesca e per il fai da te; perché dico questo? Perché già vi immagino condividere le vostre creazioni, idee, sfide e successi con altri amanti della pesca nei gruppi "Amici di Sampei" su Facebook e Telegram, so che vi ispirerete a vicenda e che farete delle bellissime amicizie. D'altronde la magia della pesca non è solo nelle acque che solcano le vostre canne, ma anche nelle relazioni e i legami che si creano con chi condivide la stessa passione, siete d'accordo?

State per imparare a costruire canne da pesca su misura, galleggianti artigianali ed esche artificiali che riflettano la vostra visione unica della pesca. Non mi resta quindi di farvi i miei migliori auguri, che il vostro percorso attraverso queste pagine sia un'esperienza arricchente, e che le connessioni che creerete vi portino gioia duratura!

Buona lettura e buona costruzione!

Dott. Edoardo Zeloni Magelli

Introduzione

Penso che ciascuno di noi coltivi inconsciamente delle passioni, nella routine di tutti i giorni andiamo così di fretta che non prestiamo molta attenzione a ciò che ci suggerisce il cuore.

Mi ricordo che sin dalla adolescenza mi piaceva moltissimo osservare la natura e i piccoli corsi d'acqua, i torrenti e tutto l'ecosistema che li circondava.

C'è voluto del tempo per capire che stava nascendo in me una bellissima passione che mi avrebbe accompagnato per tutta la vita, questa passione cari amici non è altro che la pesca.

Durante il mio percorso di pescatore ho cambiato spesso attrezzatura e accessori, mi piaceva moltissimo entrare nei negozi di caccia e pesca per fare acquisti di cui avevo necessità. Alcune volte riuscivo a trovare l'occorrente che mi serviva, mentre altre non trovavo niente, non importa dire quanto rimanessi deluso.

Per risolvere questo problema pensavo spesso a una soluzione, quella di costruirmi le cose che non riuscivo a trovare.

Ai tempi della scuola, mi dedicavo con passione a una materia che si chiamava "Applicazioni Tecniche".

Questa materia insegnava a cosa servivano i vari attrezzi da lavoro e come usarli, facevamo anche dei piccoli lavori utilizzando il legno e altri materiali.

Naturalmente quello che realizzavamo a scuola non aveva niente a che fare con quello che riguarda la pesca, ma visto che avevo imparato a usare vari attrezzi e materiali, decisi di provare la costruzione di alcuni accessori per la pesca.

Pieno d'entusiasmo incominciai a realizzare qualcosa, ma osservando i miei primi lavori notai che erano un po' goffi, d'altronde quando costruiamo qualcosa per la prima volta, ci manca sempre l'esperienza. Sull'utilizzo di ciò che avevo fatto ero un po' titubante, ma dal momento che le avevo costruite era giusto anche provarle, così avrei visto il loro funzionamento, oppure avrei potuto modificarle. Mi riferivo a galleggianti in sughero e canne per la pesca in bambù.

Adesso l'auto costruzione è diventata una mania, è più forte di me, non posso farne a meno. Quindi cari amici ho deciso di scrivere questo manuale sulla pesca fai da te per trasmettere a voi tutta la mia passione e esperienza nell'auto costruzione.

Le costruzioni che vi presenterò saranno semplici, molto funzionali e alla portata di tutti. Ciascuno di voi seguendo i consigli scritti in questo libro, riuscirà a realizzare ciò di cui ha bisogno per pescare.

Arrivati a questo punto non mi resta che augurarvi una buona lettura e buona costruzione...

In bocca al lupo ragazzi!

1.

Le Origini della Mia Pesca

Cos'è la pesca? A questa domanda voglio rispondervi semplicemente così: osservazione, passione, creatività, fantasia e filosofia.

Penso di averla coltivata inconsciamente sin dall'adolescenza, la finestra della mia cameretta da letto si affacciava sopra un piccolo torrente del piano. Quando mi affacciavo dalla finestra, osservavo il lento scorrere delle sue acque silenziose animate da piccoli pesci e rane. Conoscevo a memoria tutti quei piccoli ostacoli naturali che l'acqua incontrava durante il suo percorso, anche se era la solita finestra con il solito scenario, per me era sempre uno spettacolo da vedere, e continuavo a osservarlo come se fosse la prima volta.

Osservazione

A poche decine di metri da casa mia, questo piccolo corso d'acqua alimentava un torrente più grande, nei miei ricordi adolescenziali io lo vedevo come un grande fiume.

La casa dei miei genitori era situata all'inizio di un piccolo gruppo di case, ci si arrivava dalla strada principale per mezzo di una viottola, sul lato destro di questa si trovavano molte piante e siepi che fungevano da protezione naturale alle possibili cadute in acqua.

Proseguendo si attraversava questo gruppo di case che le persone più anziane che ci abitavano, lo avevano soprannominato "Il Casone".

Nelle belle giornate di sole provavo piacere a camminare lungo questa viottola sterrata, circondata lateralmente da siepi molto rigogliose, conduceva nel punto esatto dove i due corsi d'acqua si incontravano. Potete immaginare la mia curiosità, la prima cosa che facevo era guardare se nell'acqua vedevo qualche segnale di vita, come pesci e rane. Era una gioia osservare i piccoli girini che nuotavano tranquillamente dove l'acqua era più lenta,   vicino a una piccola cascata riuscivo a scorgere anche dei piccoli pesci. Non facevo mai movimenti bruschi durante la mia osservazione, questo mio atteggiamento non li faceva sentire in pericolo, mi limitavo soltanto a osservarli.

Al momento non mi rendevo conto che in un lontano futuro tutte queste attente osservazioni avrebbero fatto sviluppare in me quello che in gergo viene definito il senso dell'acqua.

Osservando lo stesso corso d'acqua durante le varie stagioni riuscivo a vedere i vari cambiamenti di ciascuna di esse.

Nei mesi invernali non vedevo nessun segno di vita all'interno di queste acque, le rane e pesci sparivano, sulle rive c'erano soltanto piante e rami secchi, nessun fiore adornava il paesaggio, nessun insetto volava! Inutile dire che questo scenario che mi si presentava, faceva calare dentro di me un sottile velo di tristezza.

Dovevo aspettare le belle giornate di primavera per vedere il risveglio della natura, era una allegra sinfonia sentire il canto degli uccelli, veder volare i vari insetti sia acquatici che terrestri, le prime bellissime farfalle dai variopinti colori e tutta la natura che lentamente si stava risvegliando dopo un lungo torpore, gli alberi si stavano rivestendo di foglie dal colore verde brillante, la vita si stava affacciando di prepotenza in tutta la sua sfolgorante bellezza. Tutto questo procurava in me una grande gioia.

Anche all'interno delle acque potevo scorgere i primi segnali di vita, i primi girini che sarebbero diventati delle rane, i piccoli pesci che in breve sarebbero cresciuti. Adagiate sui sassi delle sponde si intravedevano le prime lucertole, se avevo fortuna avrei visto i ramarri dal loro bellissimo colore verde brillante e qualche biscia d'acqua che si immergeva pensando di non essere vista.

Mi appariva evidente il confronto con l'estate che ci presentava acque molto più basse ma più calde, i pesci diventati ormai adulti che nuotavano sicuri e tranquilli e nell'aria vedevo volare una moltitudine di insetti, farfalle di tutti tipi e tantissimi uccelli, era l'apoteosi della bella stagione. Osservando le varie piante da frutto che casualmente si trovavano in prossimità delle rive, notavo che i frutti ormai maturi, specialmente i fichi e le more che cadendo in acqua attiravano gli onnipresenti cavedani, invitandoli a una golosa mangianza.

Durante le ore più calde e in pieno sole i pesci stazionavano sotto la vegetazione all'ombra e al fresco, per uscire nuovamente nel tardo pomeriggio o all'imbrunire quando freneticamente si gettavano sulle copiose schiuse di insetti. Queste osservazioni maturate nel tempo, mi sono servite ad apprendere più facilmente una tecnica molto affascinante: la pesca con la mosca artificiale.

Negli anni '80 ho partecipato a un corso di pesca a mosca, e da allora ho completamente cambiato il mio modo di vedere la pesca. Ho realizzato che ciò che conta non è tanto il tipo di pesce che catturiamo, ma piuttosto il modo in cui lo catturiamo. Grazie a questo corso ho imparato il rispetto per la natura e per i pesci, da allora ho sempre praticato il Catch & Release (cattura e rilascio).

In autunno, quando le temperature sono ancora piuttosto moderate, gli insetti continuano a vivere, consentendo ancora alcune buone opportunità di pesca con la mosca secca. Ma verso la fine dell'autunno, quando fa più freddo, è consigliabile pescare usando la mosca sommersa per aumentare le probabilità di successo.

Con l'arrivo delle prime piogge d'autunno, lungo le sponde soggette a frane, possiamo notare una ricca presenza di insetti, larve e lombrichi trascinati nell'acqua, creando una naturale abbondanza di cibo per i pesci. Per gli appassionati di pesca con esche naturali, questo è il momento ideale per utilizzare il lombrico come esca, poiché è altamente efficace per catturare una vasta gamma di pesci. Il lombrico è, in queste condizioni, un'opzione imbattibile che può portare a piacevoli sorprese.

Per me è stato fondamentale comprendere come le diverse stagioni influenzassero il comportamento dei pesci. Ho imparato a notare quando erano in superficie, a mezza acqua o sul fondo, a seconda delle giornate e delle temperature. Mi appassionava anche studiare i luoghi in cui i pesci si rifugiavano, gli ostacoli naturali, le correnti e ad apprendere le varie specie di pesci presenti nella mia zona di pesca.

È essenziale adottare l'approccio giusto per catturare i vari tipi di pesci, distinguendo tra predatori, pesci di fondo come carpe, pesci gatto e tinche, e le altre specie presenti nei diversi luoghi di pesca. Inoltre, è importante utilizzare il proprio senso logico, che fornirà consigli utili, e non dimenticare che l'esperienza personale è un insegnante impareggiabile.

Questo è il vero segreto che farà capire cos'è la pesca. Quando si verificano inevitabili momenti di insuccesso, non bisogna scoraggiarsi; anche questi possono insegnarci qualcosa. È importante riflettere attentamente su ciò che non ha funzionato e cercare la risposta dentro di sé, memorizzando il motivo di questa conseguenza. In questo modo, sarete preparati nel caso si presenti una situazione simile in futuro, poiché c'è sempre una spiegazione logica da scoprire.

In risposta alla domanda iniziale, "cos'è la pesca?", questa è la prima risposta: osservazione! Senza questa attenta osservazione, ma soprattutto la curiosità, non sarei mai riuscito a conoscere come si svolge la vita all'interno delle acque.

Passione

Con sempre crescente passione per il meraviglioso mondo acquatico, desideravo svelare il mistero del nascondiglio dei pesci quando sopraggiungeva qualsiasi forma di pericolo. L'opportunità giusta si presentava durante l'estate, quando trascorrevo interi pomeriggi a fare il bagno nelle piccole cascate e nelle pozze più profonde del nostro torrente, in compagnia degli amici.

Appena entravamo in acqua per fare il bagno, i pesci si allontanavano immediatamente, nascondendosi negli angoli nascosti sotto la riva che la corrente aveva lentamente scavato con il suo incessante fluire.

Inconsapevolmente, provavo un senso di colpa, poiché sapevo che eravamo noi che stavamo invadendo il loro territorio, e se fuggivano era mia la colpa e dei miei amici.

Nel mio ricordo da ragazzo sensibile, avrei voluto chiedere scusa per averli disturbati, e con timidezza infilavo le mani nei loro piccoli rifugi, quasi a rassicurarli che non avevano nulla da temere. Mentre camminavamo costantemente sul fondo del torrente, la nostra presenza in acqua aveva reso l'acqua molto opaca, assumendo un colore torbido. Non riuscivo più a vedere i pesci, ma potevo sentirli.

Tenendo le mani immobili nei loro rifugi, riuscivo a percepire il loro leggero contatto quando timidamente le sfioravano. Senza fare movimenti bruschi, i pesci restavano tranquillamente vicino alle mie mani, sfiorandole più volte.

Era una sensazione meravigliosa essere finalmente riuscito a stabilire un contatto con gli abitanti del piccolo torrente senza arrecare loro alcun danno.

Questi erano i ricordi più preziosi dell'estate: fare il bagno nei torrenti e contemplare la bellezza della natura.

Il pescatore sul fiume

Pedalando in bicicletta lungo gli argini dei fiumi in compagnia degli amici, capitava spesso di incontrare un pescatore intento nella sua attività sulla riva del fiume. Di comune accordo, ci fermavamo e rimanevamo affascinati a osservarlo attentamente.

Eravamo così entusiasti che non distoglievamo mai lo sguardo da lui; sembrava che ogni suo gesto ci avesse ipnotizzato. Rimanevamo in silenzio, attenti ad ogni sua mossa. Di tanto in tanto, metteva qualcosa all'amo, ma non riuscivamo a vedere cosa usasse come esca. Molte volte riusciva a pescare dei bei pesci, che riponeva all'interno di una zucca vuota per mantenerli freschi.

Nella nostra semplice ma creativa immaginazione da ragazzi, sognavamo spesso di possedere una canna da pesca. Nonostante le molte richieste rivolte ai nostri genitori, sembrava che non potessimo mai ottenerla. Tuttavia, avevo un amico il cui padre era un pescatore, e dopo molte insistenze, ci insegnò le prime nozioni rudimentali sulla pesca.

Ci mostrò come era fatta una canna da pesca, spiegandoci che all'epoca le canne da pesca da fiume erano realizzate in canna semplice a innesti, mentre quelle da mare erano in bambù. Ci illustrò anche i vari tipi di galleggianti, l'uso dei piombini, degli ami e del filo da pesca in nylon, che costituivano tutto il necessario per preparare una lenza.

Avere una canna da pesca era diventato un nostro sogno fisso. Le immagini di quel pescatore tornavano spesso alla mente, alimentando ancora di più il desiderio di possederla. Purtroppo, i negozi di attrezzatura da caccia e pesca erano lontani dalla nostra zona e per noi ragazzi rappresentavano un problema raggiungerli. La nostra unica soluzione sembrava essere quella di provare a costruirne una da soli, utilizzando le canne che trovavamo lungo gli argini dei fossi.

Appena ci avvicinammo al canneto, iniziammo a esaminare attentamente le canne, cercando di individuare quelle più adatte ai nostri scopi. Tuttavia, ci rendemmo presto conto che le canne così come erano non potevamo portarle con noi in bicicletta, erano troppo lunghe. Pensammo quindi di tagliarle in due o tre pezzi per renderle più trasportabili. Ma riflettendo attentamente, ci rendemmo conto che innestarle sarebbe stato un problema insormontabile, e con grande dispiacere abbandonammo subito questa idea.

La prima canna da pesca

La casa dei miei genitori aveva anche un pezzo di terreno, diviso in due parti. La prima metà era dedicata a un bellissimo giardino con una miriade di fiori, coltivare i fiori era il passatempo preferito di mia madre. L'altra metà del terreno ospitava alcuni alberi da frutto e vari tipi di ortaggi, come pomodori, zucchine, baccelli e insalate. Coltivare l'orto era la passione principale di mio padre.

Trascorrere del tempo tra le piante dell'orto era per me un piacere. Quando la frutta era matura, non potevo resistere e coglievo qualche frutto da mangiare, specialmente susine e albicocche.

Nell'orto del nostro vicino, c'era un vecchio noce, e alcuni dei suoi rami si estendevano nel nostro orto. Quando le noci erano mature, cadevano nel nostro terreno. Aspettavo con impazienza questo momento, poiché adoravo schiacciare le noci con un martello e mangiarle. Ho fatto molte scorpacciate!

All'interno dell'orto, c'era anche una panchina, e mi piaceva sedermi lì a osservare tutto intorno. Guardavo le canne che mio padre aveva fissato alle piante dei pomodori per aiutarli a crescere. Su queste canne, spesso si potevano vedere le cicale, che con il loro caratteristico canto quasi assordante, simboleggiavano l'arrivo dell'estate. Le cicale, il caldo sole, gli ortaggi e la frutta matura sono tutti bei ricordi dell'estate.

Voglio raccontarvi cosa mi spinse, in modo inconscio, a osservare attentamente le file di pomodori e soprattutto le canne infisse nel terreno. Mi resi conto per la prima volta che quelle canne potevano servire al mio scopo, ovvero costruire la tanto desiderata canna da pesca. Erano di un colore giallo ocra e avevano una forma conica, non erano molto lunghe ma per me andavano benissimo. Così, chiesi subito a mio padre se ne aveva qualche altra disponibile.

Mio padre teneva un gruppo di queste canne vicino al garage per l'orto. Ne prese due, una con un diametro maggiore e una con un diametro minore. Tagliò a metà la prima canna per fare un pezzo, poi fece lo stesso con l'altra canna dal diametro minore. Inserendo il pezzo più sottile nell'altro, notai che si adattavano perfettamente, finalmente avevo una canna in due pezzi a innesti. Non ricordo la sua lunghezza, ma nella mia immaginazione adolescenziale, era la canna più straordinaria del mondo.

Trascorrevo molto tempo nell'orto con questa canna in mano, anche se non avevo né galleggiante, né lenza o ami. Con la mia fantasia, simulavo sessioni di pesca agitando la canna come se stessi pescando veramente. Facevo lanci immaginari e riuscivo sempre a immaginare di catturare molti pesci. È vero, per divertirsi bastava davvero poco, e questo principio filosofico mi ha sempre accompagnato lungo tutto il mio percorso di vita.

Quando avevo 14 anni, vista la mia costante passione per la pesca e le continue richieste, mio padre mi regalò finalmente la mia prima vera canna da pesca. Si chiamava "La Fiorentina" ed era composta da quattro pezzi da innestare in canna dolce, per una lunghezza totale di 6 metri. Nei piccoli torrenti potevo usarne solo due pezzi, riducendola a una canna da 3 metri, ma con tre pezzi diventava una canna da 4,5 metri. Ero estremamente soddisfatto perché avevo una canna adatta a molti tipi di spot. Era una canna filosofale.

Continuando a pescare, aumentavano anche le esigenze di possedere un'attrezzatura più moderna, pratica e funzionale. Così, acquistai una canna telescopica in fibra di vetro, che aveva un ingombro minimo ed era molto più comoda da trasportare. Penso che sia successo a molti di voi di comprare nuove canne, sia per una questione di gusto che per rimediare a un acquisto sbagliato. Inoltre, quando gli amici si vantavano di avere una canna migliore della tua, non volevi certo sentirti inferiore, quindi decidevi di acquistarne una nuova.

Man mano che continuavi a pescare in diversi spot, ti accorgevi che le canne fisse avevano i loro limiti, non potevi lanciare l'esca molto lontano. Per raggiungere le zone in cui avevi visto il branco di pesci, avevi bisogno di una canna con un mulinello. Quindi cosa facevi? Compravi un'altra canna. Alla fine, eri completamente immerso nel vortice del consumismo e non riuscivi più a fermarti. Andavi a pescare con gli amici sulla spiaggia e così compravi anche una canna da pesca a fondo, il classico lancino come lo chiamavamo noi in Toscana. Avevi bisogno di una canna più lunga, quindi ne compravi anche una di quelle. Poi, una canna più leggera in carbonio. Non sembrava mai finire, la passione per la pesca ti spingeva sempre a cercare qualcosa di nuovo.

Col passare del tempo, senti il desiderio di imparare nuove tecniche di pesca e ne rimani affascinato, così decidi di praticarle. E cosa fai? Compravi un'altra canna per lo spinning. E poi, compravi una canna per la pesca a mosca, convinto che fosse l'ultima canna e tecnica che avresti mai voluto provare.

Poi un bel giorno ti guardi intorno e osservi tutte le canne che hai comprato, le guardi e ti dici:

"Come ho potuto comprare tutte queste canne? Perché?!"

Incominci a fare alcune riflessioni... quella canna non la uso più perché non vado più in quel fiume, quell'altra è troppo pesante e mi stanca troppo il braccio, e poi è fuori moda, quella è troppo rigida e non mi diverte quando combatto con il pesce, e così via, potrei continuare all'infinito ma mi fermo qui. Pensavi di essere felice e divertirti per sempre con tutte queste canne, e invece...

Osservi in ogni angolo del tuo ripostiglio, ma non riesci a trovare più quella prima canna che ti aveva fatto sognare, quella che aveva fatto battere il tuo cuore, l'unica che aveva saputo emozionarti.

Non sto parlando di quella che mio padre mi aveva regalato, ma della "La Fiorentina", quella canna in quattro pezzi da innestare in canna dolce. Comprando le nuove canne, la mia prima sembrava superata, nessuno usava più quelle canne a innesti, erano diventate scomode e mi sarei sentito fuori luogo continuando a pescare con una di esse. Così ho deciso di liberarmene, tanto non la usavo più, mi dicevo "è troppo ingombrante!"

C'è un detto che dice: "Il primo amore non si scorda mai," e questo non si applica solo alle prime infatuazioni adolescenziali, ma anche alle cose materiali che ci hanno regalato emozioni. Vorresti tornare indietro nel tempo e fare le cose in modo diverso, ma purtroppo non è possibile. Quindi, provi una forma di pentimento e decidi di abbandonare tutto e ricominciare da zero.

Nascondi tutte le tue canne per un lungo periodo di tempo e senti il bisogno di costruire una nuova canna, proprio come facevi da ragazzo. Vuoi vedere se è ancora possibile provare le stesse emozioni. È stata la passione per la pesca a spingermi a comprare tutte queste canne, alla fine è questa la seconda risposta alla domanda "cos'è la pesca" - la pesca è passione! Per un pescatore, costruire la propria canna è una fonte di grande soddisfazione. Ognuno la crea in base alla propria creatività, al proprio gusto e alla propria fantasia, e questa è un'altra risposta alla domanda originale - la pesca è anche creatività!

Questa parte iniziale del manuale dovrebbe avervi fatto capire quanto sia importante conoscere il mondo acquatico attraverso un'attenta osservazione. Fatelo anche voi, vi aiuterà a sviluppare il senso dell'acqua. Il cosiddetto "senso dell'acqua" è la capacità di individuare la posizione del pesce per poter lanciare le nostre esche, sia esse artificiali o naturali. Questa capacità viene acquisita attraverso l'esperienza e l'osservazione costante di tutte le nostre sessioni di pesca.

Tutto ciò che vi ho descritto è stato di grande aiuto per me, mi ha permesso di pescare con successo anche in nuovi spot che non conoscevo. Dovevo solo osservare i possibili rifugi, l'andamento della corrente e gli ostacoli naturali per capire dove si nascondeva il pesce.

Il vero pescatore non si distingue per l'attrezzatura costosa che possiede, ma per tutto ciò che ha imparato e sfruttato durante le sue esperienze di pesca. Questo è il vero segreto che renderà la vostra pesca efficace. Quanto costa la vostra attrezzatura avrà poca importanza, poiché ciò che interessa al pesce è solo l'esca. Prendete tesoro di questa lezione!

2.

Le Canne da Pesca

Cari amici, desidero avviare questa sezione dedicata alla costruzione dell'attrezzatura da pesca partendo dalla canna. Per realizzare un'ottima canna da pesca, è fondamentale avere una chiara comprensione del tipo di canna che intendiamo costruire.

Le opzioni sono diverse: possiamo optare per una canna fissa, una canna per la pesca tenkara, una canna per la tecnica valsesiana, una canna per lo spinning o una canna per il light rock fishing. La scelta dipenderà esclusivamente da noi e dal nostro progetto di costruzione.

Per realizzare queste canne, faremo uso esclusivamente di materiali facilmente reperibili in natura. In particolare, useremo la canna dolce comune o il bambù. Questi materiali possono essere trovati facilmente nelle vicinanze dei fossi o nelle campagne circostanti. Se sarete attenti durante le vostre esplorazioni in queste aree, non avrete difficoltà a trovarli.

La scelta del materiale dipende in gran parte dal tipo di canna che desideriamo costruire e dalle caratteristiche specifiche che vogliamo conferirle. Entrambi i materiali offrono vantaggi unici: la canna dolce comune è nota per la sua versatilità, mentre il bambù è apprezzato per la sua leggerezza, robustezza e sensibilità. Quindi, prima di iniziare la costruzione, è importante aver chiaro il vostro obiettivo e le vostre preferenze.

Una volta raccolti i materiali giusti, avremo l'opportunità di creare canne personalizzate, adatte alle nostre esigenze specifiche. Questo processo non solo ci permetterà di risparmiare denaro sull'acquisto di attrezzatura preconfezionata, ma ci darà anche una connessione più profonda con il nostro equipaggiamento da pesca, poiché avremo costruito personalmente ogni dettaglio. Inoltre, imparando a costruire le nostre canne, potremo adattarle alle sfide specifiche che incontriamo durante la pesca e migliorare costantemente le nostre abilità di costruzione.

Quindi, preparatevi a immergervi in questo affascinante mondo della costruzione delle canne da pesca, iniziate con una solida comprensione delle vostre esigenze e dei materiali a vostra disposizione, e presto sarete in grado di creare attrezzature personalizzate che arricchiranno la vostra esperienza di pesca in modi che non avreste mai immaginato.

La Canna Fissa

Prima di procedere con la costruzione di una canna fissa, la tecnica più semplice e basilare tra tutte, desidero sottolineare quanto sia importante per un pescatore iniziare la propria esperienza di pesca con questo tipo di attrezzatura.

La denominazione "canna fissa" deriva dal fatto che non richiede l'uso di un mulinello. Questo tipo di canna consente al pescatore di dedicarsi in modo approfondito all'osservazione dell'acqua senza essere distratto da tecniche più complesse. Durante questa fase iniziale, il pescatore ha l'opportunità di studiare attentamente le abitudini dei pesci, la loro posizione, il loro comportamento alimentare e gli aspetti peculiari del loro comportamento.

Non si corre il rischio di annoiarsi durante questo processo, in quanto l'analisi della vita acquatica e delle caratteristiche del corso d'acqua costituisce la chiave per ottenere successo nelle future sessioni di pesca. Inoltre, iniziare con una canna fissa offre anche vantaggi economici significativi. Chiunque, dopo aver fatto le prime esperienze, si renda conto di non avere una particolare inclinazione per la pesca, può decidere di abbandonare l'attività senza aver investito cifre considerevoli in attrezzatura specializzata.

Poiché la canna fissa è l'unico strumento a disposizione per contrastare la resistenza dei pesci di grandi dimensioni, il pescatore deve fare affidamento unicamente sulla propria forza fisica. In questo modo, il braccio del pescatore diventa un elemento fondamentale nella lotta con il pesce, trasformandolo in uno strumento di combattimento.

La costruzione di una lenza per la canna fissa è notevolmente più semplice rispetto ad altre tecniche di pesca. Il pescatore necessita solo di un filo di nylon, un galleggiante, piombini di varie dimensioni e ami di diverse misure. In assenza di mulinelli o parti meccaniche aggiuntive che potrebbero influenzare la resistenza del nylon, il pescatore che inizia con una canna fissa ha l'opportunità di apprendere correttamente le caratteristiche dei fili di nylon, compresi i loro carichi di rottura, e soprattutto acquisire familiarità con l'azione del cimino.

Il cimino, situato nella parte superiore della canna, deve essere flessibile e garantire una buona tenuta, ammortizzando adeguatamente le fughe del pesce.

Dopo questa panoramica, possiamo ora tornare alla discussione sulla costruzione di una canna fissa.

Suggerimenti per la raccolta delle canne in bambù

Naturalmente, se dovremo costruirci delle canne dovremo prima andare a raccogliere il nostro bambù. Il momento ideale per raccogliere il bambù è durante l'inverno, quando la linfa è ferma. È consigliabile raccogliere un numero considerevole di canne poiché ne avremo bisogno di diverse per selezionare quelle con il diametro adeguato. Sarà necessario disporre di un'ampia quantità di canne poiché dovremo trovare quelle con il diametro corretto, in modo che possano combaciare perfettamente quando le innesteremo.

È importante tenere conto della possibilità che durante le lavorazioni qualche canna venga rovinata o sciupata, quindi ne avremo bisogno di numerose per compensare eventuali perdite.

Una canna è pronta per essere raccolta quando raggiunge un'altezza minima di quattro metri. È preferibile scegliere canne dritte e coniche poiché ciò semplificherà il processo successivo di selezione e raddrizzamento.

Dopo il taglio, le canne devono essere trasportate a casa. Per il trasporto in macchina, dovrete tagliarle ulteriormente, quindi pianificate attentamente le misure prima di effettuare il taglio.

Una volta a casa, è necessario far stagionare le canne in un luogo asciutto, luminoso e possibilmente caldo. Questo influenzerà il tempo di essiccazione, che varia a seconda delle condizioni climatiche della vostra regione. Durante la primavera, potete metterle all'aria aperta nelle belle giornate, ma evitate di farle esporre direttamente al sole estivo poiché l'eccessivo calore potrebbe danneggiarle.

L'essiccazione può richiedere diversi mesi o addirittura un anno, a seconda delle circostanze. Una volta che il bambù o la canna si sarà trasformato in un colore giallo ocra, saranno pronti per la lavorazione successiva.

Per raddrizzare il materiale, avrete bisogno di una fonte di calore adeguata, come un fornello a gas, un barbecue o una fonte simile. Assicuratevi di non avvicinare troppo il materiale alla fiamma per evitare danni. È consigliabile utilizzare dei guanti durante questa operazione per prevenire scottature.

Osservate attentamente i pezzi mentre li riscaldate; se notate che si piegano verso sinistra, dovete esercitare una forza adeguata per raddrizzarli verso destra. Continuate a riscaldarli e a raddrizzarli finché non sono completamente dritti.

Prima di iniziare la costruzione della canna, è essenziale avere un progetto dettagliato che includa la tecnica per la quale intendete utilizzarla e la lunghezza desiderata. In base a questi criteri, potrete selezionare i segmenti di bambù o canna dolce comune appropriati. Per prede più piccole, optate per segmenti più sottili, mentre per prede più grandi scegliete segmenti con un diametro maggiore.

Le regole fondamentali per la costruzione sono sempre le stesse: il diametro del pezzo che teniamo in mano deve essere maggiore di quello successivo che verrà innestato. Questo principio si applica a tutti i segmenti della canna fino all'ultimo pezzo chiamato "vettino" o "cimino." Questa parte deve essere sottile e flessibile per stancare efficacemente il pesce e ammortizzare le sue fughe.

Per la costruzione oltre al bambù, possiamo

utilizzare anche la canna dolce comune, é quella che nasce sulle rive dei fossi. Questo tipo di canna sarà simile nella costruzione a una canna valsesiana, con i primi due segmenti realizzati in canna dolce comune e l'ultimo, il cimino o vettino, realizzato in bambù. Il bambù è più sottile, flessibile e resistente.

Le caratteristiche essenziali di una buona canna comprendono solidità, leggerezza, elasticità ed equilibrio. La solidità è molto importante, poiché può capitare di affrontare pesci di dimensioni notevoli che potrebbero danneggiare la canna se questa non fosse sufficientemente robusta. La leggerezza è fondamentale per evitare l'affaticamento del braccio durante le sessioni di pesca prolungate. L'elasticità è altresì importante poiché ammortizza le fughe del pesce, consentendo una lotta più efficace senza rompere la lenza, a differenza di una canna rigida che può provocare l'opposto.

Tutti i segmenti della canna devono essere bilanciati tra loro, e questa qualità potrà essere apprezzata una volta che la canna è tenuta in mano. La parte che resta dietro la mano del pescatore deve bilanciare perfettamente il resto della canna che si estende in avanti. Se, una volta terminata la costruzione, ritenete che la canna non soddisfi questi requisiti, non esitate a modificarla sostituendo i segmenti necessari.

Iniziamo la costruzione della canna fissa

Per prima cosa, prendete le canne in bambù che avete raccolto e che sono pronte per essere lavorate. Se non lo avete già fatto, tagliate attentamente i getti laterali delle foglie che sporgono fuori da ogni nodo della canna. In futuro, potremo decidere se levigare le sporgenze dei vari nodi con carta vetrata o se lasciarli per mantenere un aspetto più naturale al bambù.

Adesso costruiremo insieme una canna di 3 metri, composta da tre pezzi di bambù.

Diamo per scontato che avete raccolto varie canne di varie misure e dimensioni come abbiamo detto in precedenza. Adesso dobbiamo scegliere i nostri 3 pezzi.

Il primo pezzo deve avere un diametro maggiore rispetto al successivo che dovrà entrare dentro al primo. Anche per il terzo lo stesso discorso che deve entrare dentro il secondo.

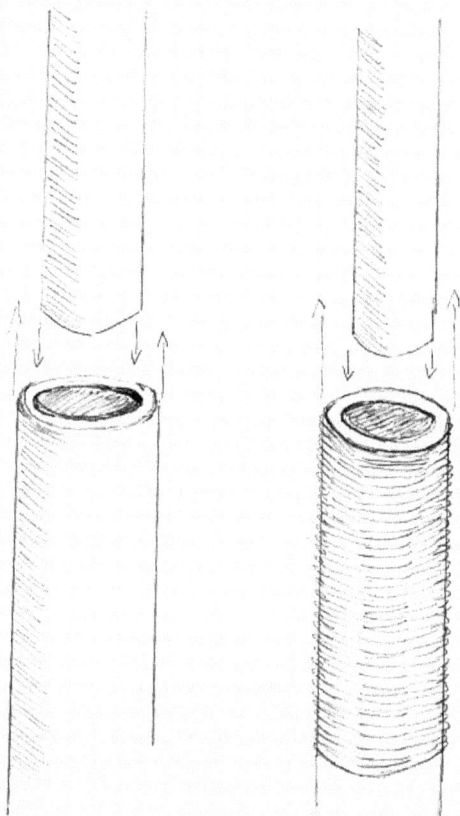

Legare a strette spire i primi 10 cm per fare la ghiera

Prima di introdurre il secondo pezzo nel primo, per evitare spaccature, dobbiamo assolutamente legare con del filo (di cotone) forte e sottile a strette spire i primi 10 centimetri della canna. In questo modo, questi 10 centimetri diventeranno una ghiera solida e robusta.

Il procedimento sarà lo stesso anche per il secondo pezzo, al quale sarà inserito il cimino che dovrà combaciare perfettamente.

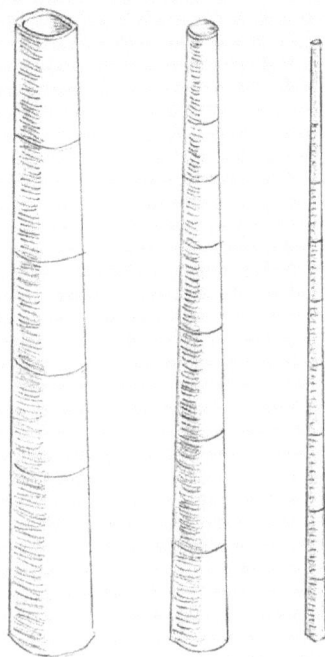

Conicità decrescente dei 3 pezzi

Questo schema illustra la variazione del diametro tra i tre pezzi della canna ed è utile per mostrare come il diametro si riduca gradualmente dall'inizio della canna fino alla punta del cimino.

Tuttavia, è importante notare che le canne raccolte per la costruzione potrebbero non avere misure perfette per le nostre necessità. Dalla mia raccolta di canne di bambù, ho selezionato il primo pezzo che ritenevo essere il più grande e adatto per la parte iniziale della canna. Successivamente, ho scelto il pezzo intermedio e il cimino a occhio, garantendo che abbiano circonferenze diverse.

Poiché queste tre canne selezionate potrebbero non avere la stessa lunghezza, procederemo a tagliarle in modo appropriato per risolvere questa discrepanza. Ma come effettuiamo il taglio? Prima di procedere con il taglio delle canne per ottenere i vari pezzi, è essenziale calcolare accuratamente le misure.

Potreste pensare che sia molto semplice: se la canna deve essere lunga tre metri, taglio tre pezzi da un metro ciascuno. Tuttavia, questo è un errore comune che spesso si verifica tra chi sta iniziando per la prima volta. Non si tiene conto del fatto che una parte dei centimetri del pezzo successivo entrerà all'interno delle ghiere della canna dei primi due pezzi. Nelle canne che ho costruito, ho sempre fatto in modo che i primi sette centimetri del secondo pezzo entrassero all'interno del primo pezzo. Allo stesso modo, ho fatto entrare i sette centimetri del cimino nel secondo pezzo. Pertanto, per ottenere una canna di tre metri, i primi due pezzi devono misurare ciascuno 107 centimetri (figura 3), mentre solo il cimino sarà lungo un metro.

Ricordate sempre che prima di unire i vari pezzi, è fondamentale legare saldamente l'estremità del primo e del secondo pezzo con del filo forte per una decina di centimetri, con spire molto strette. Una volta terminata la legatura, dovremo darli forza con della colla vinilica, quindi prendete un pennello, immergetelo nella colla e spennellate tutta la legatura. Poi lasciate asciugare per ventiquattro ore.

Questa legatura attorno al pezzo che fungerà da ghiera vi proteggerà da possibili spaccature quando inserirete il pezzo di canna successivo. Inoltre, in caso di cattura di un pesce di dimensioni considerevoli, questa legatura eviterà la rottura della ghiera stessa.

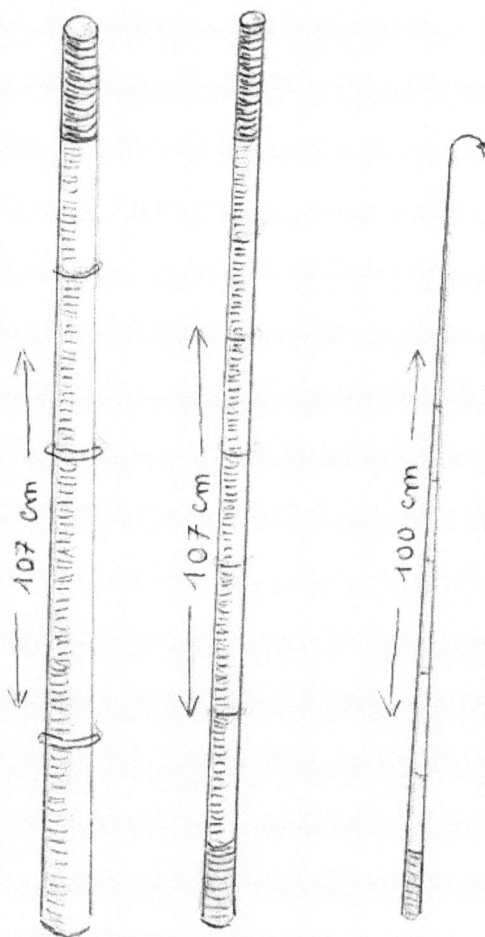

Misure corrette per una canna di 3m

Costruzione del manico in bambù

Per un tocco estetico aggiuntivo, possiamo decidere di costruire anche il manico per la nostra canna. Se optiamo per questa realizzazione, voglio presentarvi un metodo semplice e naturale che si adatta perfettamente a questo tipo di canna. Prendiamo un pezzo di bambù che abbia un diametro perfettamente in sintonia con quello del primo pezzo della nostra canna.

Successivamente, rimuoviamo i due nodi dal pezzo di bambù in modo da forarlo completamente da un lato all'altro. Inseriamo questo pezzo all'inizio del primo pezzo della canna, incollandolo con colla vinilica, lasciando circa 1 cm di spazio all'interno nella parte finale. In questo spazio successivamente inseriremo un pezzo di sughero. Quest'ultimo può essere ricavato da un tappo di vino o spumante. Una volta modellato, lo incolleremo all'interno del pezzo di bambù che fungerà da manico.

Con l'uso di carta vetrata, lavoreremo sulla superficie finché otterremo la forma desiderata che avevamo già pianificato in precedenza. Questo tappo finale ci consentirà di appoggiare la canna con sicurezza a terra, garantendo un impatto molto delicato. Il tappo segnerà l'inizio del nostro manico per la canna.

Come realizzare il manico

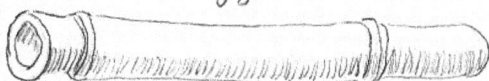

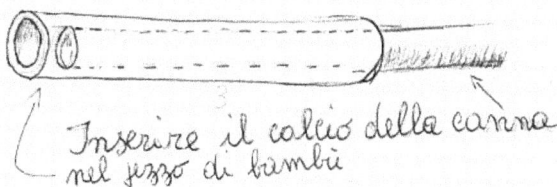

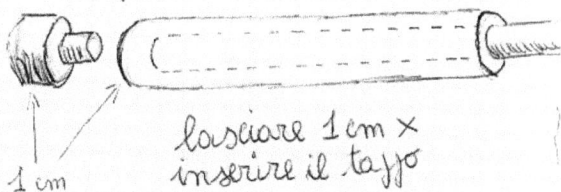

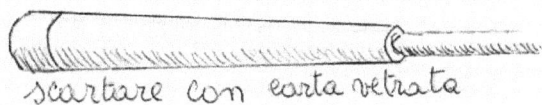

pezzo di bambù

tagliare

Inserire il calcio della canna nel pezzo di bambù

lasciare 1 cm x inserire il tappo

1 cm

scartare con carta vetrata

Come montare il cordino in vetta alla canna

Una volta terminata la canna, dobbiamo montare in vetta al cimino quel piccolo cordino che ci permetterà di montare agevolmente l'intera lenza alla nostra canna.

Prendiamo una cordicella sottile trecciata in nylon di circa 20 cm di lunghezza, una colla a presa rapida e un filo forte di cotone nero, oltre a un paio di forbici. Adagiamo sul tavolo di lavoro il cimino della canna e mettiamo alcune gocce di colla negli ultimi tre o quattro cm del cimino. Poi posizioniamo l'inizio della nostra cordicella sopra la zona dove abbiamo applicato la colla. Una volta posizionata correttamente e dopo che la colla avrà fatto il suo lavoro, leghiamo questi tre o quattro cm del cimino alla canna utilizzando del filo di cotone forte, facendo spire strette. Per garantire una maggiore sicurezza, applichiamo nuovamente alcune gocce di colla sopra la legatura.

Sul finale della cordicella, facciamo un piccolo nodo e tagliamo l'eccedenza. In questo modo, avremo creato il nostro lilian.

Il lilian

cordicella trecciata 20 cm

ATTAK

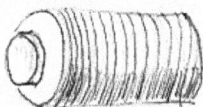

filo di cotone

gocce di
ATTA K

cimino

cordicella

legare a strette spire

risultato finale

Ora potete aggiungere dei dettagli decorativi per personalizzare ulteriormente la vostra canna. Una volta completato questo processo, è importante impermeabilizzare l'intera canna per evitare che l'umidità possa causarne la deformazione nel tempo.

A tale scopo, potete utilizzare un impregnante trasparente o un prodotto comune chiamato floathing, che è una vernice utilizzata per proteggere le barche in legno. Questo prodotto evidenzierà le venature della vostra canna, conferendole un aspetto più raffinato.

Questo tipo di costruzione è adatto per le canne fisse composte da tre o più pezzi, così come per le canne da pesca con tecnica tenkara e valsesiana.

Se vi risulta più facile reperire la canna dolce, come anticipato in precedenza, potete utilizzarla per i primi due pezzi senza problemi.

Tuttavia, per il cimino, è fondamentale realizzarlo in bambù, poiché questo materiale è molto più flessibile e resistente.

Le varie azioni della canna

Le caratteristiche dell'azione di una canna da pesca sono determinate da diversi fattori, tra cui il diametro, la conicità e la flessibilità dei suoi componenti.

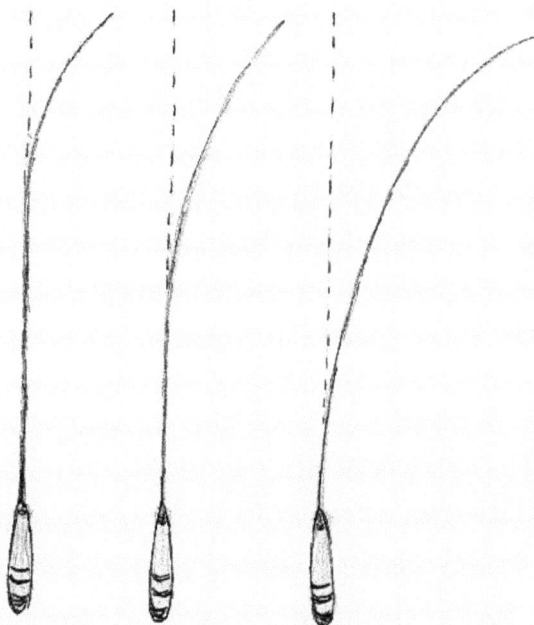

Tre tipi di azione delle canne

di punta   di pancia   parabolica

L'azione di una canna si riferisce a come essa si comporta durante la pesca ed è un aspetto cruciale da considerare nella scelta di una canna adatta alle proprie esigenze.

Esistono tre principali tipi di azione delle canne da pesca: azione di punta, azione di pancia e azione parabolica.

Azione di Punta: Quando una canna ha un'azione di punta, significa che la parte finale della canna è più rigida e dura rispetto alle altre parti. Questo significa che la flessione principale si verifica nella parte superiore della canna. Questo tipo di canna è ottimo per situazioni in cui è necessaria una buona sensibilità e precisione nella presentazione dell'esca. Ad esempio, per la pesca con esche artificiali leggere o per pesci che richiedono un approccio delicato.

Azione di Pancia: Una canna con azione di pancia si piega principalmente nella parte centrale sotto sforzo. Questa flessibilità nella zona centrale consente di lanciare esche più pesanti e di gestire situazioni in cui è richiesta una maggiore potenza per controllare il pesce. Le canne con azione di pancia sono preferite quando si pesca con esche più pesanti o in presenza di pesci di dimensioni maggiori, poiché possono assorbire meglio la forza delle lotte dei pesci.

Azione Parabolica: L'azione parabolica si verifica quando l'intera canna si piega uniformemente, formando una curva a forma di parabola dalla cima fino al calcio, che è la parte finale della canna dove si trova il manico. Questo tipo di canna offre una combinazione di sensibilità e potenza ed è spesso considerato il tipo di azione più versatile e divertente da utilizzare. Le canne con azione parabolica sono adatte a una varietà di tecniche di pesca e possono gestire una vasta gamma di situazioni.

Vari tipi di innesto

Fin qui vi ho fatto vedere soltanto un tipo di innesto per la vostra canna, perché è ritenuto il più semplice. Voglio mostrarne altri, cosi avrete modo di scegliere quello che per voi sarà più congeniale.

Vari tipi di innesti

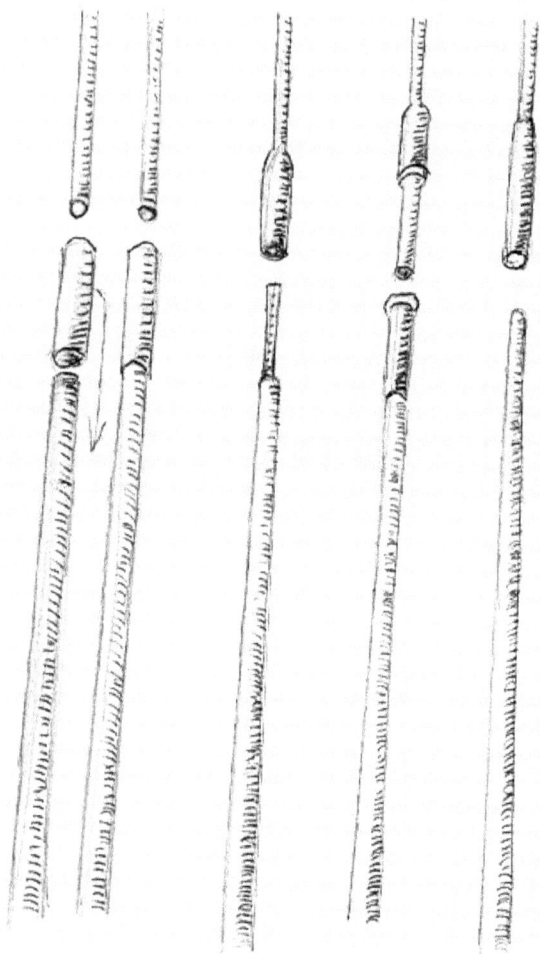

La Canna da Spinning

Prima di iniziare a costruire una canna da spinning, vorrei fornire una breve spiegazione di cosa sia effettivamente lo spinning, per coloro che potrebbero non essere familiari con questa affascinante tecnica di pesca.

Lo spinning, letteralmente tradotto, significa "movimento rotatorio o rotazione". Questa definizione riflette chiaramente l'essenza di questa tecnica, che si distingue per le sue due azioni principali: il lancio e il recupero dell'esca.

La pesca a spinning comporta spostarsi continuamente lungo le rive dei torrenti o dei fiumi, sugli argini e risalendo piccoli torrenti alla ricerca di pesci con cui mettere alla prova la propria astuzia. Durante queste escursioni, ci troviamo a diretto contatto con l'ambiente circostante e possiamo godere della vista di paesaggi suggestivi. Questi momenti ci fanno sentire parte della natura e ci fanno apprezzare la sua incontaminata bellezza.

Lo spinning non è solo una tecnica di pesca, ma anche un'attività fisica all'aperto che promuove uno stile di vita sano e il rispetto per l'ambiente. Ogni momento trascorso in questa pratica offre una sensazione di tranquillità e soddisfazione interiore.

A volte può capitare di non catturare niente anche se abbiamo fatto del nostro meglio, ma dopo questo tuffo nella natura torniamo a casa contenti lo stesso, lo spinning è anche questo.

Qualsiasi posto va benissimo per il lancio, che sia un torrente un fiume o un lago. In ogni spot che lanciamo è utile sapere che la precisione è importantissima ai fini della cattura, i lunghi lanci non sono per niente efficaci.

Molto redditizio è fare lanci corti ma precisi, facendo passare il nostro artificiale in prossimità di ripari, massi, rocce, radici, alberi e tutti gli ostacoli naturali dove riteniamo che il pesce possa trovarsi.

Una delle caratteristiche distintive dello spinning è la possibilità di utilizzare una vasta gamma di esche artificiali, tra cui cucchiaini rotanti, cucchiaini ondulanti, imitazioni di pesci (minnow) e esche in plastica o silicone come vermi, rane e camole. Questa tecnica è particolarmente efficace per la pesca dei predatori, tra cui trote, cavedani, persici trota, persici reali e lucci, oltre a catture occasionali come spesso capita; ma questi sono misteri e magia della pesca.

Lo spinning può essere praticato durante tutto l'arco dell'anno, i predatori sono sempre in attività e specialmente nel periodo invernale diventano ancora più aggressivi e famelici.

La misura della canna da spinning più consigliata ha una lunghezza che si aggira sui 2 metri, questa lunghezza ci permette di pescare tranquillamente in ogni spot.

A ogni canna va abbinato il mulinello adatto, questo deve offrire equilibrio di peso e possedere un altrettanto giusto rapporto di recupero.

Le canne di misura inferiore ai 2 metri come quelle di 150 o 170 cm sono indicate per pescare nei torrenti infrascati.

Il peso dei mulinelli deve essere molto contenuto e possedere una buona velocità di recupero, vi faccio un semplice esempio: il peso del mulinello non deve superare i 210/240 grammi di peso, questo abbinamento è l'ideale per una pesca ultraleggera e con canne fino a due metri. Impiegando canne più lunghe da 2,15 a 2,30 metri il peso del mulinello è consigliato sui 260 grammi circa, mentre per canne lunghe da 2,40 a 3 metri impiegheremo mulinelli tra i 270 e 350 grammi.

Naturalmente questa indicazione che vi ho descritto non è una regola vera e propria per quanto riguarda la scelta del mulinello, ma è soltanto una indicazione di massima, la scelta del mulinello e peso è sempre soggettiva.

In passato mi sono costruito canne da spinning di diverse misure, una molto corta di appena un metro adattissima per il torrente molto infrascato e un'altra di 2 metri e 10 cm, ma a lungo andare mi sono reso conto che avere più canne da spinning di misure di diverse non è molto consigliabile.

Utilizzare sempre la stessa canna per ogni tipo di pesce e di acque è quanto di più immaginabile si possa consigliare, si raggiunge una scioltezza di movimenti oltre alla precisione di lancio e una perfetta sensibilità, che difficilmente riusciremo ad avere cambiando canna in continuazione.

La costruzione della canna da spinning

Adesso ci costruiremo una canna che sia in grado di lanciare sia pesi leggeri di circa 2 grammi, ma anche pesi più pesanti di circa 10, 15 e anche più.

La nostra canna deve avere un'azione rapida e potente se intendiamo utilizzarla per lanciare esche leggere; in questo caso, una canna con un'azione di punta è consigliata. Viceversa, se desideriamo utilizzare una varietà di esche, è preferibile optare per una canna con un'azione parabolica.

Per un fatto di praticità nel trasporto costruiremo una canna da spinning in due pezzi a innesti. Chi ha già avuto esperienza nella costruzione della canna fissa sarà molto avvantaggiato, perché il procedimento di costruzione sarà simile. Di nuovo c'è soltanto da fissare la placca porta mulinello e gli anelli guida lenza.

Come per la costruzione della canna fissa che abbiamo visto in precedenza, taglieremo i due pezzi di bambù nella misura che abbiamo deciso, e anche qui la cosa più impegnativa sarà inserire il cimino nel primo pezzo della canna, perché difficilmente avrà subito il diametro giusto per entrare dentro il pezzo.

Visto che questa è una costruzione di una canna a due pezzi, faremo la ghiera solo per il primo pezzo. Quindi, prendete del filo forte di cotone e della colla vinilica perché adesso effettueremo lo stesso procedimento che abbiamo visto per la canna fissa.

Prendete il primo pezzo e legate i primi 10 centimetri della canna con il solito filo forte di cotone a strette spire. Poi una volta che avrete legato il tutto ci spennellerete sopra la colla lasciando asciugare per ventiquattro ore.

Questo procedimento eviterà la possibile spaccatura quando andremo a inserire il cimino che dovrà combaciare perfettamente dentro la ghiera.

Il giorno successivo, fissate la parte della ghiera in una morsa, facendo attenzione a non schiacciarla. Dovrete utilizzare un trapano con una punta dello stesso spessore della parte iniziale del cimino per allargare il foro della ghiera quanto basta per consentire l'inserimento perfetto del secondo pezzo della canna nel primo.

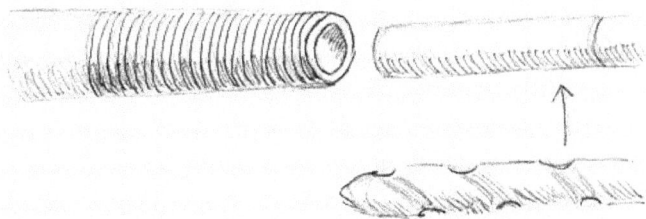

La junta del trapano deve avere lo stesso spessore del segmento da inserire dentro la ghiera

Una volta inserito il pezzo provate a simulare dei falsi lanci, la canna non deve avere nessuna oscillazione interna e nessun tentennamento, deve dare la sensazione di essere un unico pezzo.

Continuando con il processo di costruzione, tenete presente che avete la possibilità di ridurre lo spessore del pezzo che verrà inserito utilizzando della carta vetrata. Al contrario, se desiderate aumentare lo spessore, potete applicare alcune mani di vernice impregnante e attendere che si asciughi completamente. Una volta effettuato questo adattamento, potrete procedere con l'inserimento del secondo pezzo della canna nel primo, come descritto in precedenza.

Ora, per proseguire, è importante legare la placca porta mulinello utilizzando un filo forte e sottile. Per assicurarsi che questa placca sia posizionata alla giusta distanza, iniziate dal calcio della canna e misurate una distanza di 20 centimetri, facendo un segno a questa misura. Iniziate a legare la placca partendo da questo punto di riferimento.

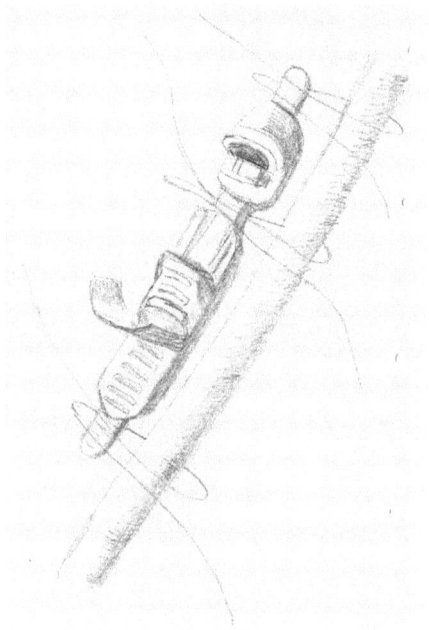

Il manico

Una volta completata questa fase, sarà il momento di decidere che tipo di manico desideriamo creare. In questa guida, vi presenterò una soluzione semplice che fa uso di tappi in sughero. Questi tappi dovrebbero avere un diametro di circa tre centimetri. Per forarli in modo adeguato, è necessario fissarli saldamente in una morsa. Utilizzate quindi un trapano con una punta dello stesso diametro della canna in cui saranno inseriti e perforate i tappi da parte a parte.

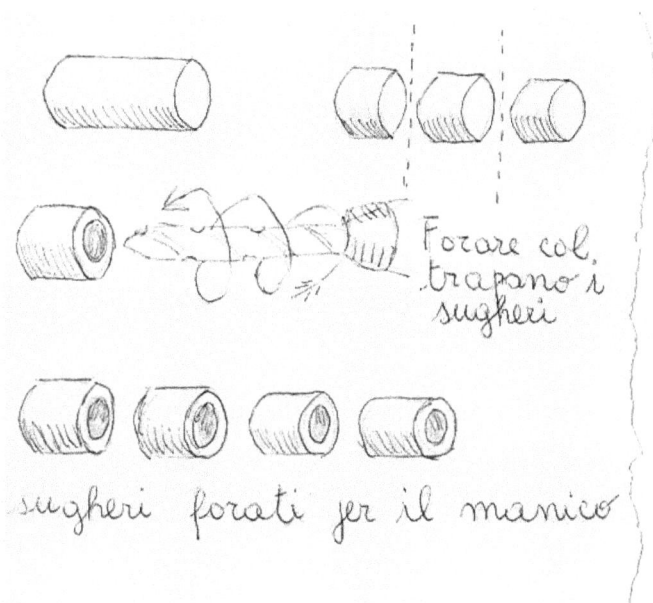

Forare col trapano i sugheri

sugheri forati per il manico

Adesso prendete la canna e spennellate con della colla vinilica il pezzo di canna fino all'inizio della placca porta mulinello.

Successivamente, prendete la canna e spennellate con colla vinilica la parte iniziale fino all'inizio della placca porta mulinello.

Quindi, prendete i tappi forati e inseriteli uno per uno, cominciando dal calcio della canna (quindi nella zona in cui avete applicato la colla). Mentre inserite i tappi di sughero forati, applicate anche un po' di colla tra un sughero e l'altro, fino a raggiungere la placca porta mulinello. In questo modo, garantirete che siano perfettamente incollati.

Successivamente, inseriremo i tappi forati anche dalla parte superiore della canna, iniziando dalla zona in cui si trova la ghiera. Fate scivolare i tappi fino alla placca porta mulinello e incollateli accuratamente.

Dopo che la colla si è asciugata completamente, prendete della carta vetrata e levigate bene l'intero manico fino a ottenere la forma desiderata. Con questi passaggi, il vostro manico sarà pronto.

Anelli guida lenza

Una fase cruciale nel processo di costruzione della nostra canna da pesca riguarda la legatura degli anelli guida lenza. Prima di procedere con questa operazione, è essenziale determinare il numero esatto di anelli necessari in base alle dimensioni della canna che stiamo realizzando.

Nel nostro caso, stiamo costruendo una canna lunga due metri, quindi useremo quattro anelli guida lenza, oltre all'anello apicale che sarà fissato sulla punta della canna. Gli anelli guida lenza sono disponibili in commercio e acquistarli pronti può conferire un tocco di eleganza alla vostra canna. Tuttavia, è anche possibile crearli in modo semplice e fai da te utilizzando del filo di ferro nichelato.

Per costruire gli anelli in proprio, avrete bisogno di cinque cilindri di vario spessore e del filo di ferro nichelato. Avvolgete il filo attorno ai cilindri in modo da formare gli anelli, simili a quelli illustrati nella figura. Per tagliare il filo nella lunghezza desiderata, potete utilizzare delle tronchesi.

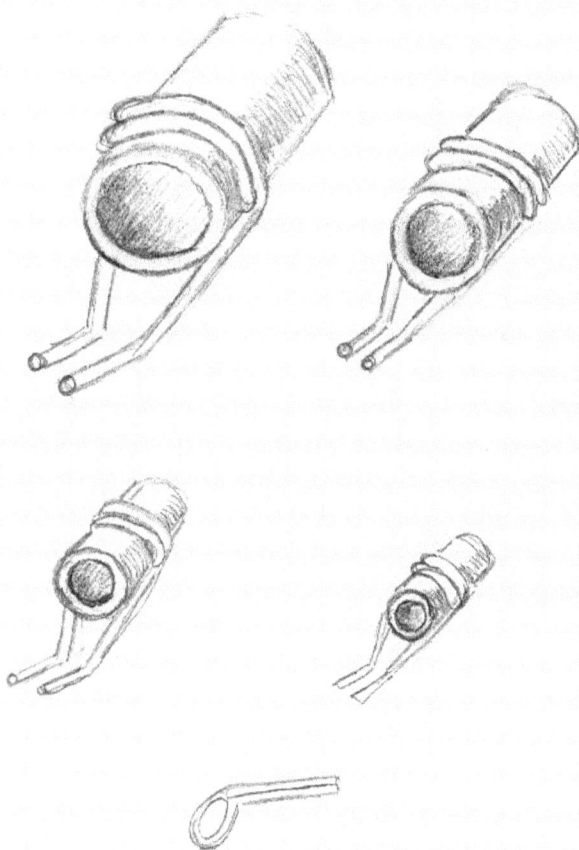

Questo metodo vi permette di personalizzare gli anelli guida lenza in base alle vostre preferenze.

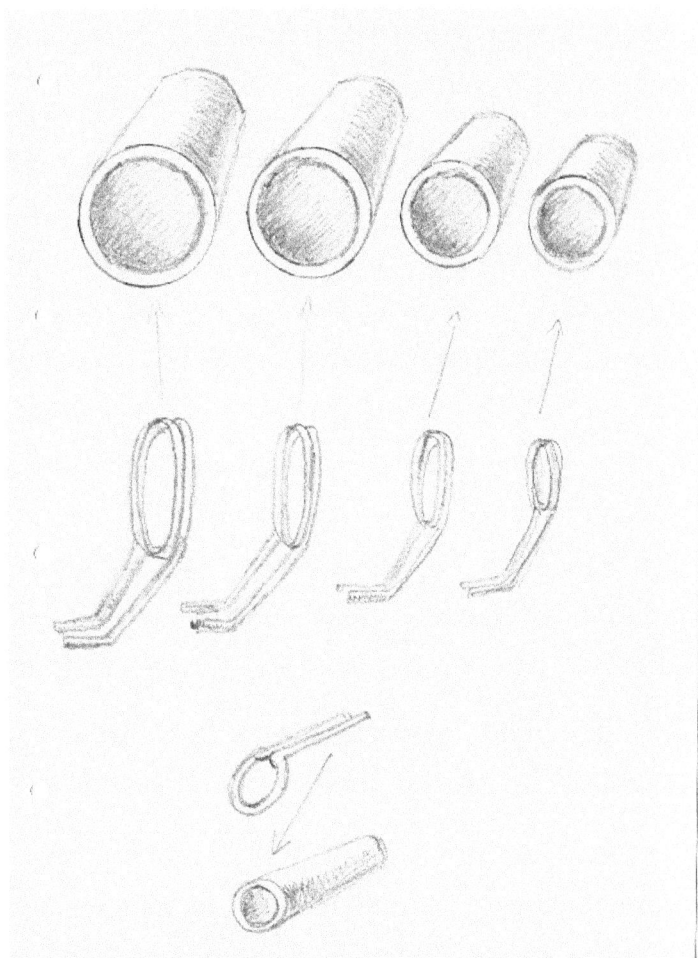

Una volta che avete a disposizione gli anelli guida lenza, procediamo con la legatura di questi componenti essenziali nella costruzione della canna da spinning.

Inizieremo con il primo anello, che deve avere il diametro maggiore tra tutti.

Per montare il primo anello, posizionatelo a circa 55 centimetri dal centro della placca porta mulinello e fissatelo saldamente utilizzando del filo forte di cotone. Ora, prendete la canna, appoggiate l'anello guida lenza nella posizione prestabilita e applicate con cura della colla bicomponente o vinilica. Iniziate ad avvolgere il filo intorno all'anello, assicurandovi di coprire completamente la superficie. Una volta completato l'avvolgimento, applicate nuovamente la colla per renderlo ancor più solido.

Ripetete lo stesso procedimento per gli altri anelli, rispettando le misure descritte.

Il secondo anello sarà fissato a 45 centimetri dal primo, il terzo a 30 centimetri dal secondo, mentre il quarto sarà posizionato a 25 centimetri dal terzo anello. L'anello apicale dovrà essere fissato in cima alla canna, completando così il montaggio degli anelli guida lenza.

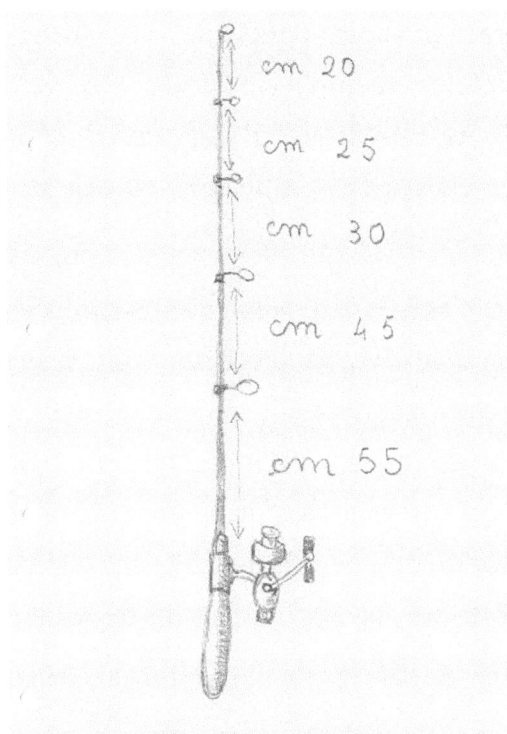

cm 20
cm 25
cm 30
cm 45
cm 55

Tuttavia, prima di fissarli definitivamente, effettuate un controllo per garantire che siano perfettamente allineati. Gli anelli devono trovarsi tutti sulla stessa linea. Una volta verificato l'allineamento, avrete l'opportunità di personalizzare la vostra canna da pesca. Ad esempio, potreste disegnare simboli o apporre il vostro nome con un pennarello indelebile. In alternativa, potreste aggiungere dettagli decorativi con fili di seta colorati per conferire un tocco personale alla vostra canna. Naturalmente, se applicate fili o scritte, ricordatevi di applicare uno strato di vernice trasparente per proteggere e conferire un aspetto lucido alla vostra canna.

La costruzione di una canna da spinning costituisce la base per la realizzazione di altre canne specializzate, adattate alle diverse tecniche di pesca che richiedono l'uso del mulinello. La bellezza di questo processo risiede nella flessibilità di poter apportare modifiche agli spessori, alla conicità e alle lunghezze per creare canne adatte a una vasta gamma di tecniche di pesca.

Per coloro che hanno già costruito una canna da spinning, la transizione verso la realizzazione di altre canne specializzate diventa un processo molto più semplice. Ad esempio, è possibile creare una canna da light rock fishing, ideale per la pesca in mare, o una canna da trout area progettata per la pesca nei laghetti sportivi utilizzando esche come gli spoon.

È davvero incredibile quanto sia versatile il bambù quando si tratta di costruire canne da pesca su misura per soddisfare le esigenze di ogni pescatore. Questa versatilità ci offre la possibilità di adattare le canne alle nostre preferenze e alle diverse situazioni di pesca.

Non è fantastico tutto questo? Possiamo costruirci delle canne da pesca per qualsiasi tecnica! Evviva il bambù!

Per coloro che desiderano esplorare ulteriormente la costruzione di queste canne specializzate, condividerò alcuni consigli per apportare semplici modifiche e ottimizzare ulteriormente le prestazioni delle vostre canne da pesca. In questo modo, sarete pronti ad affrontare con successo una vasta gamma di sfide di pesca.

La Canna per il Light Rock Fishing

Il Light Rock Fishing è una tecnica di pesca importata dal Giappone che si concentra principalmente sulla cattura di piccoli predatori che abitano o frequentano le zone rocciose, sia naturali che artificiali. Tra le specie di pesci più comuni catturate con questa tecnica troviamo ghiozzi, sciarrani, bavose, scorfani, perchie, tordi, salpe, piccoli saraghi, occhiate e molte altre. È importante notare che, sebbene possano essere piccoli, questi pesci sono spesso apprezzati per la loro sfida e il divertimento che offrono durante la pesca.

Una delle grandi attrattive del Light Rock Fishing è la sua praticabilità durante tutto l'anno e in diverse condizioni di mare, preferibilmente in acque calme. Poiché ci si aspetta di catturare principalmente piccoli predatori, l'attrezzatura utilizzata è proporzionata a questo scopo. Ciò significa l'uso di canne leggere e sensibili con punte reattive che permettono ai pescatori di rilevare le abboccate senza spaventare il pesce. La lunghezza di queste canne varia generalmente da m1,80 a m2,20.

I mulinelli utilizzati sono anche proporzionati alle canne, solitamente di dimensioni comprese tra 1000 e 2000. La bobina viene caricata con nylon di spessore 0,18 o 0,20 millimetri. Per quanto riguarda le esche, si utilizzano piccole testine piombate da 2 o 3 grammi, spesso innescate con esche siliconiche che imitano vermi, piccoli pesci foraggio, gamberetti e altro ancora. Queste esche hanno estremità molto sottili che, una volta agitate, rilasciano vibrazioni che attirano immediatamente l'attenzione dei pesci, inducendoli ad abboccare.

Nella costruzione delle canne da Light Rock Fishing, si utilizzano pezzi di bambù con diametri più sottili rispetto alle canne da spinning tradizionali. In particolare, il cimino deve essere estremamente sensibile ma allo stesso tempo reattivo per catturare i segnali più deboli.

Per conferire alle canne una forma più parabolica durante il lancio e il recupero, si consiglia di aumentare il numero di anelli guida lenza a seconda della lunghezza della canna che si sta costruendo, con un numero di solito compreso tra 7 e 8 anelli guida lenza.

Uno dei vantaggi principali dell'auto costruzione di canne da pesca è la possibilità di adattarle alle nostre esigenze specifiche.

Possiamo realizzarle in diverse misure e personalizzarle secondo la nostra fantasia e creatività. Inoltre, questo processo offre un notevole risparmio di denaro rispetto all'acquisto di canne commerciali. Ma ciò che rende davvero speciale la costruzione delle proprie canne è il divertimento e la soddisfazione che si traggono dalla realizzazione di uno strumento che contribuirà al successo delle nostre avventure di pesca.

È un'esperienza che va al di là del semplice utilizzo delle canne, permettendoci di connetterci in modo più profondo con la pesca e con il nostro lato creativo.

In definitiva, il Light Rock Fishing e l'auto costruzione delle canne rappresentano una combinazione ideale per i pescatori che cercano una sfida divertente e gratificante nel mondo della pesca sportiva.

3.

I Galleggianti

L'approccio alla costruzione dei galleggianti fai da te rappresenta un capitolo affascinante e cruciale nel mondo della pesca sportiva. Questi piccoli accessori, spesso trascurati ma fondamentali per il successo della pesca, meritano un'attenzione particolare.

Esaminiamo quindi più approfonditamente l'importanza dei galleggianti auto costruiti e le ragioni per cui potrebbero essere la scelta migliore per i pescatori.

In commercio, è possibile trovare una vasta gamma di galleggianti di diverse forme, dimensioni e colori, ognuno progettato per uno scopo specifico. La varietà può creare confusione nella scelta, poiché i galleggianti catturano l'attenzione con i loro attraenti colori e forme uniche. È normale che, a volte, acquistiamo galleggianti senza comprenderne appieno l'utilizzo o la ragione della scelta.

Tuttavia, il galleggiante svolge un ruolo cruciale nella pesca. La sua funzione principale è quella di segnalare l'abboccata del pesce, indicando un affondamento più o meno veloce o rimanendo in superficie. Questo segnale visivo è fondamentale per catturare il momento giusto per ferrare e recuperare il pesce.

Inoltre, il galleggiante ha il compito di sostenere l'esca esattamente all'altezza desiderata nell'acqua, dove si presume che il pesce si trovi in quel momento. Questo è particolarmente importante per adattarsi alle diverse profondità e condizioni di pesca. Inoltre, il galleggiante aiuta a mantenere l'esca sollevata dal fondo, evitando possibili ostacoli e impedendo l'incaglio del filo.

Per semplificare la comprensione dei galleggianti, possiamo suddividerli in tre modelli principali: affusolati, a pera o a goccia rovesciata e sferici. Questa classificazione di base ci aiuta a riconoscere le differenze tra i vari galleggianti e a comprenderne il corretto utilizzo.

Ora, mentre ci prepariamo ad esplorare il mondo dei galleggianti fai da te, dobbiamo considerare che auto costruire i propri galleggianti offre numerosi vantaggi.

In primo luogo, consente di personalizzare completamente il galleggiante per adattarlo alle nostre specifiche esigenze di pesca, tenendo conto delle specie di pesce che intendiamo catturare e delle condizioni dell'ambiente in cui peschiamo. Inoltre, ciò ci permette di risparmiare notevolmente sui costi, dato che la costruzione dei galleggianti è spesso più economica rispetto all'acquisto di quelli commerciali.

Infine, la costruzione dei galleggianti è un processo creativo e appagante che può arricchire ulteriormente l'esperienza di pesca. È un'opportunità per mettere alla prova la nostra inventiva e perfezionare ulteriormente le nostre abilità di pescatore. In questo nuovo capitolo dedicato ai galleggianti fai da te, esploreremo le tecniche e i materiali necessari per creare galleggianti su misura che ci aiuteranno a catturare con successo una vasta gamma di specie ittiche.

I Galleggianti Affusolati

Torniamo ora alle diverse tipologie di galleggianti, cominciando con quelli affusolati. I galleggianti affusolati sono estremamente sensibili e trovano il loro impiego ideale in acque calme, piatte o senza corrente significativa.

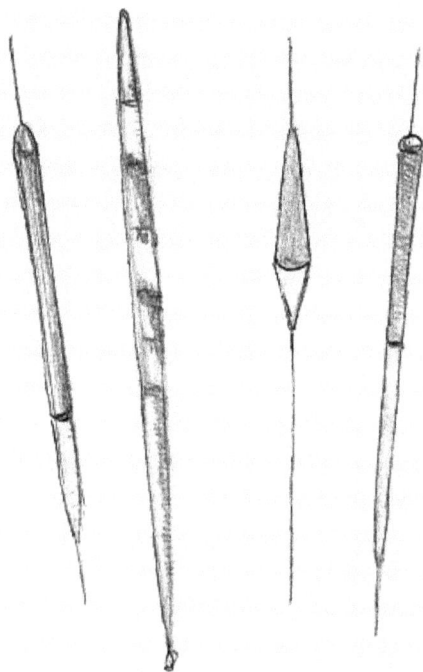

Questi galleggianti sono conosciuti per la loro capacità di rilevare anche le abboccate più sottili, rendendoli una scelta eccellente per certi tipi di pesca.

Nel vasto assortimento di galleggianti disponibili sul mercato, vorrei consigliare in particolare l'uso delle classiche penne d'istrice. A mio parere, sono tra i migliori galleggianti affusolati. La loro forma aerodinamica e la costruzione leggera li rendono ideali per una serie di situazioni di pesca.

I galleggianti più piccoli tra i galleggianti affusolati sono adatti per la pesca di specie di piccole dimensioni e per canne corte.

Poiché questi galleggianti sono associati a una piombatura leggera, la loro gittata non sarà particolarmente ampia. Pertanto, è consigliabile pescare relativamente vicino a noi stessi per avere una visione chiara delle abboccate del pesce.

Questa vicinanza ci consente di osservare meglio il comportamento del galleggiante quando un pesce abbocca o quando sta facendo delle piccole movenze sospette.

Tuttavia, quando ci troviamo di fronte a pesci di dimensioni maggiori o a acque più profonde, come laghi o ampi fiumi a corrente lenta, possiamo optare per galleggianti affusolati di dimensioni maggiori.

Questi avranno uno spessore maggiore, garantendo una migliore visibilità anche in condizioni di pesca più impegnative.

Inoltre, se l'obiettivo è lanciare più lontano, è possibile selezionare modelli di galleggianti più pesanti, che, una volta piombati in modo appropriato, ci permetteranno di raggiungere distanze notevoli e far calare rapidamente l'esca alla profondità desiderata.

La scelta del galleggiante affusolato giusto dipende da vari fattori, tra cui il tipo di pesce che si intende catturare, le condizioni dell'ambiente e la lunghezza della canna utilizzata.

Pertanto, è importante adattare il galleggiante alle specifiche esigenze di pesca, tenendo sempre presente che la sua sensibilità è un grande vantaggio quando si tratta di rilevare anche le abboccate più delicate.

I Galleggianti a Pera o a Goccia Rovesciata

I galleggianti a forma di pera o a goccia rovesciata rappresentano una scelta eccellente per acque leggermente agitate o con una modesta corrente.

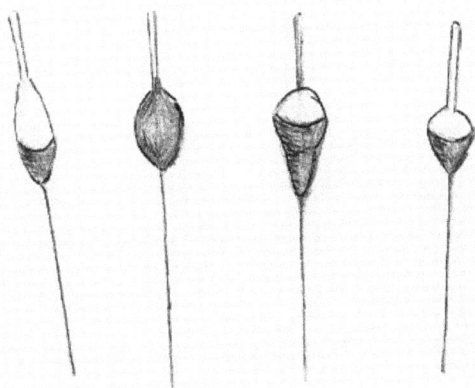

Questi galleggianti sono noti per la loro elevata visibilità e spesso presentano una caratteristica distintiva: una suddivisione netta tra due colori. Questo design a due colori non è solo esteticamente attraente, ma svolge anche una funzione pratica cruciale.

La linea di immersione del galleggiante è determinata dalla netta separazione dei colori con cui è dipinto. Prendiamo ad esempio un galleggiante con una parte superiore rossa e una parte inferiore nera. La linea di divisione tra questi due colori deve essere allineata con la superficie dell'acqua quando il galleggiante è piombato correttamente. Questo principio è noto ai pescatori esperti, ma è importante sottolinearlo perché è fondamentale per il corretto utilizzo di questo tipo di galleggianti.

Quando il galleggiante è posizionato correttamente in acqua, con la divisione dei colori allineata alla superficie, è più facile osservare qualsiasi movimento o abboccata del pesce. Questo design rende i galleggianti a pera o a goccia rovesciata un'opzione preferita per catturare con successo pesci in acque leggermente mosse.

È importante notare che la scelta del galleggiante dovrebbe sempre essere influenzata dalle condizioni dell'ambiente di pesca. Questo tipo di galleggiante è particolarmente adatto per situazioni in cui la corrente non è troppo forte o l'acqua è leggermente mossa. Adattare il galleggiante alle condizioni specifiche di pesca è fondamentale per ottenere risultati soddisfacenti.

I Galleggianti a Sfera

I galleggianti a forma di sfera sono particolarmente adatti per la pesca in acque molto mosse, sia in ambienti d'acqua dolce che salata.

Questi galleggianti si rivelano eccellenti alleati quando ci si trova in situazioni di pesca in prossimità di zone con forte agitazione, come nei pressi di cascate o in zone caratterizzate da un notevole movimento dell'acqua.

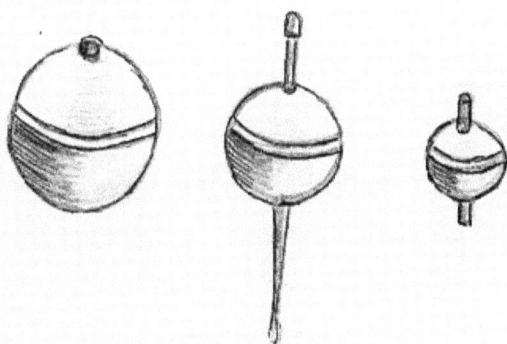

La forma sferica di questi galleggianti è stata appositamente progettata per ottimizzare il loro galleggiamento in condizioni di mare mosso o molto agitato. Questa caratteristica li rende particolarmente efficaci per rimanere stabili in acque tumultuose, dove altri tipi di galleggianti potrebbero avere difficoltà a mantenere la posizione desiderata.

In tali situazioni, la sfericità del galleggiante consente di ridurre al minimo la resistenza all'acqua, il che è fondamentale per evitare che venga spostato dalla forza delle onde o dalla corrente. Questo design a sfera offre una maggiore stabilità e facilità di controllo, consentendo al pescatore di mantenere una migliore visibilità del galleggiante e di rispondere prontamente alle abboccate dei pesci.

I galleggianti a sfera sono particolarmente apprezzati nei ribollimenti vivi, dove l'acqua è agitata e si formano correnti turbolente. La loro capacità di rimanere sopra l'acqua in modo stabile li rende una scelta ideale per catturare pesci in queste circostanze impegnative.

Galleggianti e tecniche diverse

Parliamo ora di alcune caratteristiche fondamentali che dovrebbero essere presenti in tutti i tipi di galleggianti, indipendentemente dalla loro forma e utilizzo specifico.

Queste caratteristiche sono essenziali per garantire una pesca efficace e agevole in diverse situazioni, sia in acque dolci che salate.

La prima caratteristica cruciale è la visibilità. I galleggianti devono essere facilmente visibili per il pescatore, in modo che possano essere prontamente individuati nel momento in cui si verifica un abboccamento. La visibilità è fondamentale per consentire una risposta rapida da parte del pescatore e per catturare con successo il pesce.

La seconda caratteristica da tenere presente è la riduzione del volume. I galleggianti dovrebbero essere progettati in modo da opporre la minima resistenza possibile, sia al vento che al pesce quando abbocca. Una resistenza ridotta è essenziale per evitare che il galleggiante venga spostato dalla corrente o dall'azione del pesce.

Questi due principi, visibilità e riduzione del volume, sono validi per la pesca in tutte le tipologie di acque, sia dolci che salate. Tuttavia, è importante notare che esistono vari tipi di galleggianti, ognuno progettato per specifiche situazioni di pesca. Di seguito, esamineremo alcune delle categorie più comuni di galleggianti disponibili sul mercato.

Galleggianti Scorrevoli

Questi galleggianti sono ideali per pescare in acque più profonde rispetto alla lunghezza della canna.

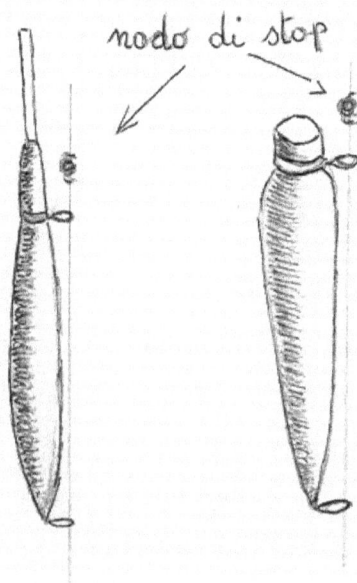

nodo di stop

Ad esempio, se la vostra canna è lunga 6 metri e il fondale è a 8 metri, potete utilizzare un galleggiante scorrevole. Questo richiede l'uso di un nodo di stop sulla lenza, che viene posizionato a una distanza predefinita dalla vostra esca. Il galleggiante scorre lungo la lenza fino a raggiungere il nodo di stop quando viene lanciato.

Galleggianti per la Pesca All'Inglese

Questi galleggianti sono progettati per ridurre al minimo la resistenza al vento. Per pescare con successo in condizioni ventose, è necessario immergere la punta della canna nell'acqua per ridurre la resistenza al vento.

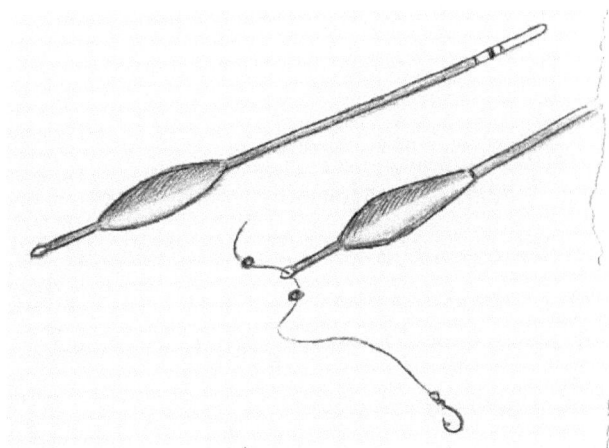

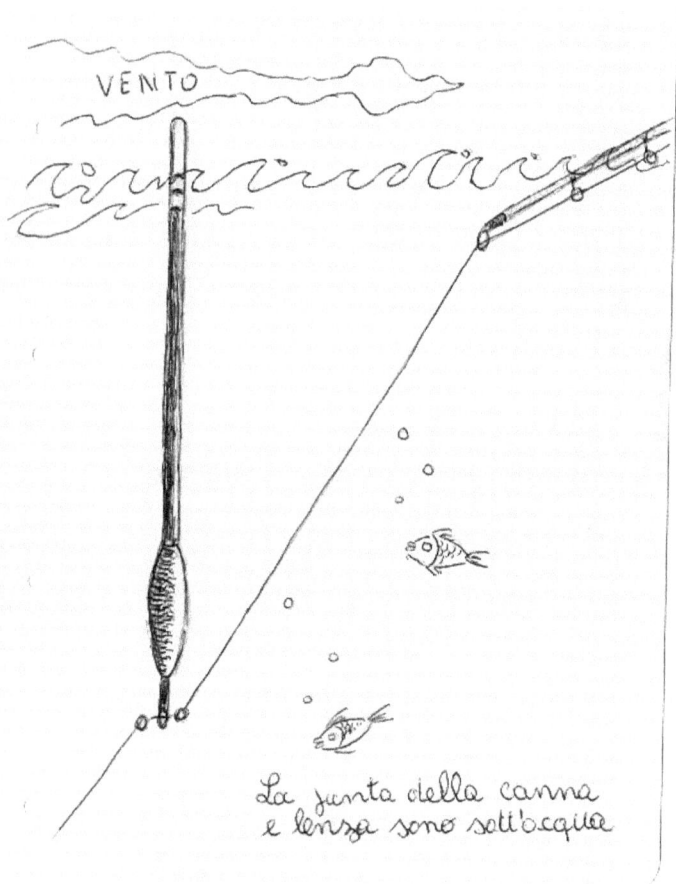

La junta della canna e lenza sono sott'acqua

Questa tecnica richiede l'uso di canne appositamente progettate per la pesca all'inglese, spesso composte da due o tre pezzi. La lunghezza di queste canne varia da metri 3,30; 3,60; 3,90; 4,20. La scelta è soggettiva.

Galleggianti Piombati

Questi galleggianti sono molto utili per la pesca in mare, specialmente per catturare occhiate e boghe. Sono disponibili in diverse grammature per adattarsi alle diverse esigenze di pesca, compresi modelli più pesanti che consentono di lanciare a lunga distanza.

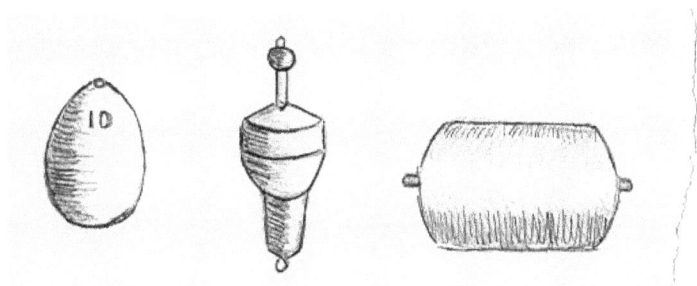

Galleggianti Luminosi

Questi galleggianti sono dotati di un dispositivo luminoso intercambiabile e sono ideali per la pesca notturna.

L'illuminazione permette di vedere chiaramente le abboccate del pesce anche in assenza di luce naturale.

Oltre a queste categorie principali, esistono molte altre variazioni e modelli di galleggianti sul mercato, ognuno progettato per soddisfare specifiche esigenze di pesca.

La scelta del galleggiante più adatto dipende dalla situazione e dalle preferenze del pescatore.

Per chi volesse cimentarsi nella costruzione dei propri galleggianti, è possibile utilizzare materiali come tappi di sughero, legno di balsa o polistirolo, a seconda delle dimensioni desiderate.

La progettazione dei galleggianti richiede attenzione alla forma, alla grammatura e al tipo di pesca previsto. È consigliabile avere un modello o un disegno del galleggiante desiderato come riferimento durante la costruzione, il che semplifica notevolmente il processo.

L'autocostruzione dei galleggianti offre la possibilità di personalizzare completamente l'attrezzatura da pesca e può essere un'esperienza gratificante per i pescatori creativi.

Costruzione galleggianti

Dopo questa breve conoscenza dei vari tipi di galleggianti, penso che ognuno di voi avrà le idee più chiare su che tipo di galleggiante desideri acquistare o costruire. Per coloro che desiderano sperimentare la costruzione dei propri galleggianti, fornirò di seguito alcuni semplici consigli pratici.

Per realizzare questi galleggianti, potremo utilizzare benissimo dei semplici tappi di vino o di spumante in sughero, oppure il legno di balsa per costruire la forma, mentre per realizzare le asticciole potremo utilizzare dei semplici spiedini in bambù per galleggianti più grandi e pesanti, oppure del filo d'acciaio per fare l'asticciola per galleggianti di piccola grammatura e leggeri.

I materiali che vi suggerisco sono di facile reperibilità, naturalmente voi siete liberi di usare materiali di maggior pregio che vi permetteranno di realizzare dei galleggiante di qualità superiore, io vi suggerisco soltanto un'idea per una facile realizzazione.

I galleggianti non vanno improvvisati, ma bisogna avere le idee chiare sulla forma da eseguire, sulla grammatura e sul tipo di pesca che vogliamo fare.

Vi consiglio di avere il modello o il disegno del galleggiante che volete costruire davanti ai vostri occhi, questo vi aiuterà moltissimo durante tutta la fase della realizzazione.

Il Galleggiante Classico

Materiali occorrenti:

- tappo in sughero

- spiedino in bambù

- filo d'acciaio sottile

- anellini in silicone per l'asticciola

- filo di cotone o seta

- filo di rame per fare l'anellino allo spiedino in bambù

- colla a presa rapida

- vernici smaltate, acriliche o spray a scelta

Attrezzi consigliati:

- punteruolo o punta col trapano

- taglierino

- carta vetrata

- pennello piccolo

Per prima cosa prendete il sughero, poi foratelo da parte a parte con un punteruolo sottile che abbia lo stesso diametro dello spiedino. In alternativa potete usare il trapano.

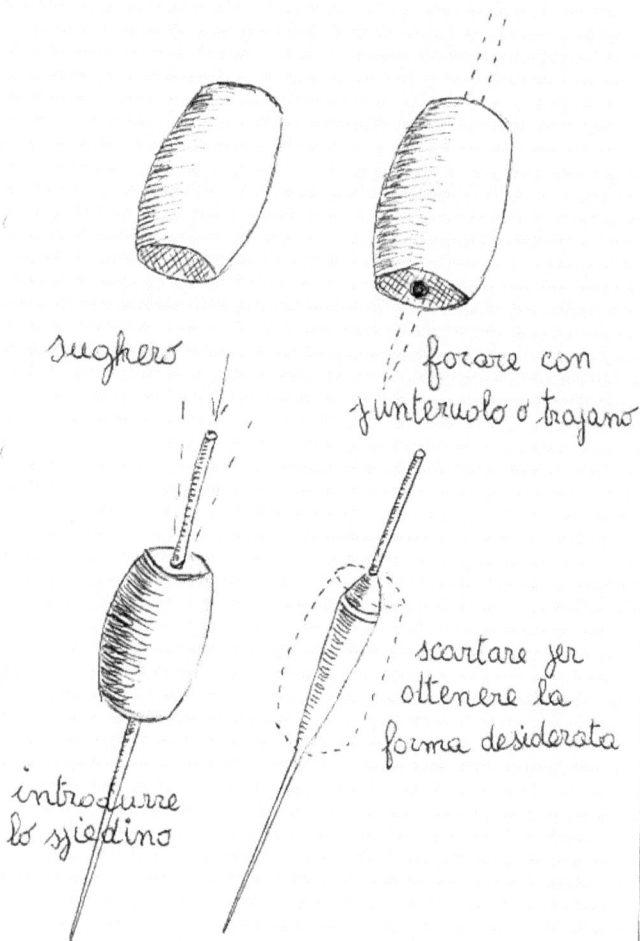

sughero

forare con punteruolo o trapano

introdurre lo spiedino

scartare per ottenere la forma desiderata

Prendete lo spiedino in bambù e introducetelo dentro al sughero forato. Molto probabilmente non avrete bisogno della colla perché lo spiedino rimane stretto dal sughero e non si muoverà.

Il passo successivo sarà quello di smussare il sughero con un taglierino sia nella parte alta che bassa dandogli una forma approssimativa. Adesso non vi resterà che prendere la carta vetrata e lisciare il tutto fino a raggiungere la forma desiderata.

A questo punto avete due opzioni per fissare il galleggiante alla lenza.

Opzione 1: Anellini in silicone

Per questa opzione vi serviranno degli anellini in silicone che potete trovare nei negozi di caccia e pesca. A volte me li sono fatti da me utilizzando del cavo elettrico, dove ho tolto il rame all'interno e ho utilizzato il rivestimento in gomma per fare gli anellini. Ma non è sempre facile trovare il diametro giusto.

Tornando a questa procedura, sarà necessario inserire un piccolo anellino nella parte superiore dell'asticciola e un altro nella parte inferiore. Quando utilizzerete il galleggiante, dovrete rimuovere gli anellini dall'asticciola per far passare la lenza attraverso di essi, e successivamente, dovrete reinserirli per fissare il galleggiante alla lenza.

Opzione 2: Anellino in rame

Per costruire l'anellino passa filo sul galleggiante, dovete prendere un cavo elettrico e togliere un filo di rame piegandolo a forma di "u" come mostrato nella foto.

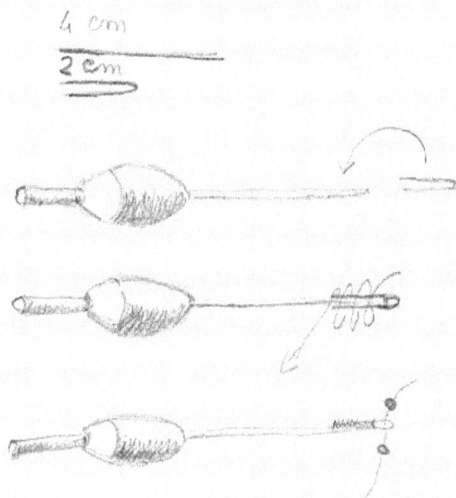

Successivamente, utilizzate un sottile filo di cotone o seta per legare saldamente questo anellino passa filo all'estremità inferiore del galleggiante, (quella che andrà sott'acqua). Per garantire una solida fissazione, applicate due gocce di colla a presa rapida sopra la legatura per fissare correttamente il tutto.

Per collegare il galleggiante alla lenza con questa opzione, dovrete posizionare un piombino spaccato su ciascun lato dell'anellino passa filo, in modo che l'anellino rimanga nel mezzo tra i due piombini. Questo tipo di fissaggio è molto simile alla montatura utilizzata per la pesca all'inglese.

La colorazione

Ora che abbiamo terminato la costruzione del galleggiante, è il momento di procedere con la fase della colorazione. Per iniziare, ispiratevi ai colori dei galleggianti che potreste aver visto nei cataloghi o nei negozi di pesca.

Una volta decisi i colori, iniziate a dipingere il galleggiante con le tonalità che preferite. Potete utilizzare vernici smaltate, acriliche o spray, a vostra scelta. Dopo aver completato la colorazione, assicuratevi di far asciugare bene le vernici prima di utilizzare il galleggiante.

Conclusione

Ho scelto di iniziare con un modello di galleggiante semplice da costruire per darvi fiducia. Questo è solo l'inizio, e con pratica e dedizione, sarete in grado di costruire modelli più complessi in futuro.

Con il tempo e l'esperienza, sarete in grado di realizzare una vasta gamma di galleggianti, il che significa che potrete riempire le giornate in cui il brutto tempo non vi permette di uscire a pescare con un divertente passatempo a casa.

Può sembrare un paradosso, ma vi assicuro che questo vi farà sentire in pesca anche stando semplicemente a casa, nel vostro angolo dove di solito ci passate del tempo a fantasticare sulle future battute di pesca.

Il Galleggiante Scorrevole

Materiali occorrenti:

- Uno o due tappi in sughero

- spiedino in bambù per l'asticciola

- filo d'acciaio sottile

- un chiodino

- filo di cotone o seta

- vernici smaltate, acriliche o spray

- colla a presa rapida

Attrezzi consigliati:

- punteruolo

- trapano

- taglierino

- carta vetrata

La costruzione del galleggiante scorrevole è molto simile al precedente, ci sarà soltanto da apportare qualche modifica come potete vedere nella figura.

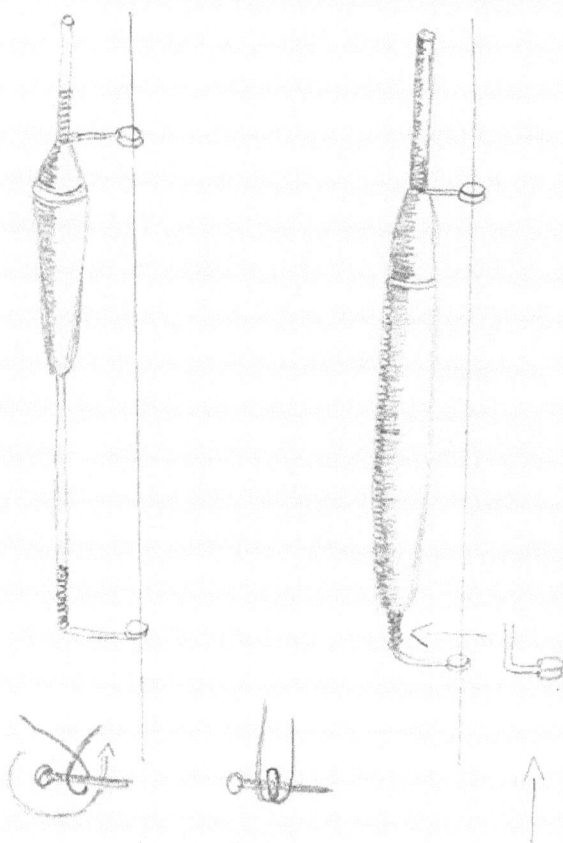

Filo di acciaio avvolto intorno
al chiodo con 2 giri per anellini

Iniziamo con una scelta: osservate l'immagine e decidete se preferite un galleggiante più corto come quello a sinistra o più lungo come quello a destra.

Se optate per il modello più corto a sinistra, vi servirà un solo tappo di sughero. Per il modello più lungo a destra, che ha una forma più affusolata, vi consiglio di utilizzare due tappi di sughero che potrete incollare tra loro.

Questa configurazione permetterà al galleggiante di essere più lungo e di fendere meglio l'aria durante il lancio.

Una volta effettuata questa scelta, potrete seguire le stesse istruzioni fornite per il galleggiante precedente, ma dovrete fare alcune modifiche nella realizzazione degli anellini.

Per creare i due anellini mostrati nella figura, useremo un filo d'acciaio molto sottile. Prendete il filo d'acciaio e avvolgetelo attorno a un chiodo, facendo due giri. Successivamente, tagliatelo in modo da formare una "L" come indicato nell'immagine. Dovrete creare due anellini identici seguendo questo procedimento.

Successivamente, prendete l'anellino a forma di "L" che avete creato e mettetelo a contatto con l'asticciola del galleggiante. Avvolgetelo con un sottile filo di cotone o seta in modo da coprirlo completamente lungo tutta la sua lunghezza. Una volta che avete stretto bene il filo, applicate una colla a presa rapida per renderlo più solido.

Il risultato sarà due anellini, uno fissato all'inizio del corpo in sughero e l'altro all'estremità dell'asticciola. Questi anellini serviranno a far scorrere il nylon attraverso di essi.

Il Galleggiante all'Inglese

Materiali occorrenti:

- un vecchio pennello scolastico per dipingere
- una bacchetta orientale per mangiare
- tappo in sughero
- pezzo di piombo o filo di piombo
- filo d'acciaio sottile
- colla a presa rapida
- vernici smaltate, acriliche o spray

Attrezzi consigliati:

- lima a ferro

- carta vetrata

- punteruolo o trapano

- martello

Questa costruzione è davvero semplice. Avremo bisogno di un vecchio pennello scolastico precedentemente utilizzato per la pittura ad olio, al quale dovremo rimuovere la ghiera che tiene i peli al loro posto.

La forma del pennello è molto simile a quella di un galleggiante all'inglese, il che semplificherà notevolmente il processo di costruzione.

Se non avete a disposizione un vecchio pennello, potete utilizzare tranquillamente quei bastoncini in bambù che si trovano nei ristoranti orientali, ad esempio, quelli per mangiare il riso.

sughero

filo di acciaio

piombo da
avvolgere

Filo di acciaio
da legare

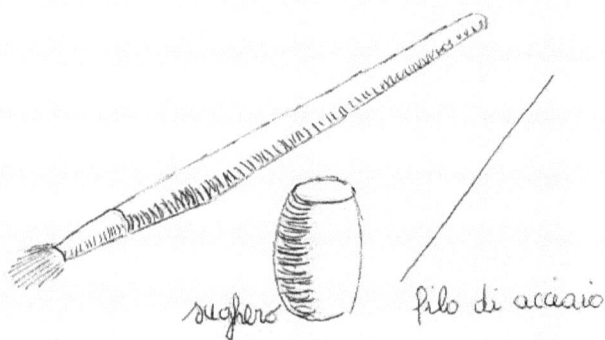

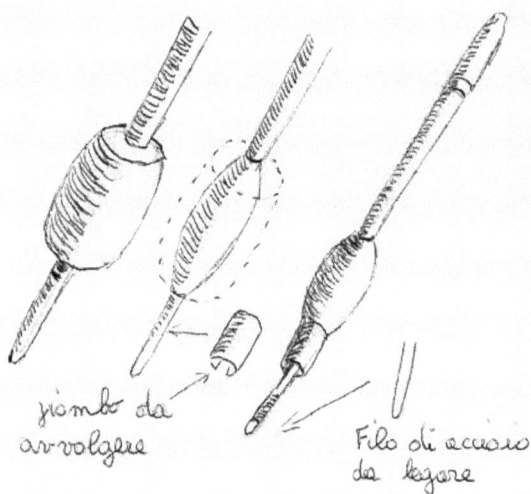

Per iniziare, prendete un tappo di sughero e praticate un foro che attraversi completamente il sughero, utilizzando un punteruolo o un trapano. Applicate qualche goccia di colla sulla parte finale del pennello, dove il sughero sarà fissato.

Successivamente, inserite il pennello all'interno del sughero e fatelo scorrere fino a raggiungere la distanza desiderata.

Adesso, prendete un pezzo di piombo e modellatelo in modo che possa essere avvolto intorno alla parte inferiore del nostro galleggiante. Per esempio, potete prendere una vecchia olivetta da pesca e appiattirla con un martello fino a ottenere una sorta di lastra.

Un'alternativa è acquistare del filo di piombo massiccio presso un negozio di ferramenta. Indipendentemente dalla vostra scelta, l'importante è avvolgere il piombo nella parte inferiore del sughero, come mostrato nella figura. Anche qui dobbiamo prima applicare alcune gocce di colla a presa rapida nella parte finale del pennello dove applicherete il piombo.

Quindi, una volta avvolto il piombo nella parte inferiore del sughero e fissato con la colla, adesso ci preoccuperemo di darli una forma più adeguata al galleggiante all'inglese, sia limando il piombo con una lima a ferro, sia il sughero con la carta vetrata. La carta vetrata può anche essere utilizzata per modellare il piombo, l'obiettivo è ottenere la forma desiderata per il nostro galleggiante. Fate attenzione quando limate il piombo, usate una mascherina di protezione per non respirare la polvere.

Ora ci concentreremo sulla creazione dell'anello passa filo per il galleggiante, che consentirà di far passare la lenza. Per questo passaggio, avrete bisogno di un sottile filo d'acciaio. L'anello dovrà essere legato all'estremità finale del galleggiante. Assicuratevi che la parte terminale del galleggiante sia più sottile, in modo da poter ospitare l'anello passa filo, che sarà realizzato con il filo d'acciaio sottile.

Per creare l'anello, piegate il filo d'acciaio formando una piccola "u", come mostrato nella figura.

Successivamente, applicate qualche goccia di colla a presa rapida sulla parte terminale del pennello e avvolgete il filo d'acciaio con del filo di cotone o seta, assicurandovi di eseguire avvolgimenti stretti lungo tutta la sua lunghezza. Infine aggiungete alcune gocce di colla sulla legatura una volta completata per renderla più solida.

Ora che avete completato tutte le fasi precedenti, è

giunto il momento di esprimere la vostra creatività nella fase di colorazione. Potete prendere ispirazione dai nuovi modelli di galleggianti presenti su riviste specializzate in pesca o cercare idee su Google.

Divertitevi nella scelta dei colori e nell'applicazione dei dettagli per rendere il vostro galleggiante unico e attraente. Siate liberi di sperimentare e personalizzare il vostro galleggiante secondo i vostri gusti e preferenze. Buon divertimento!

Il Galleggiante Piombato

I galleggianti piombati rappresentano una soluzione ideale per i pescatori desiderosi di raggiungere distanze notevoli alla ricerca di una vasta gamma di specie ittiche, sia in ambienti d'acqua dolce come laghi e fiumi, che in contesti marini. Questi galleggianti sono disponibili in vari modelli con differenti forme e pesi, adatti a qualsiasi tipo di ambiente, dai tranquilli specchi d'acqua ai contesti più agitati. Per raggiungere grandi distanze e mirare alle zone in cui i pesci si trovano, è fondamentale scegliere galleggianti piombati con una buona grammatura, talvolta richiedendo pesi di 20, 30 o 40 grammi. Tuttavia, esistono situazioni in cui il pesce si trova vicino alla riva, richiedendo galleggianti con una grammatura molto più leggera, come 2 o 3 grammi.

La bellezza del fai da te è che possiamo costruire i nostri galleggianti piombati su misura per soddisfare le esigenze specifiche. Questo significa che avrete il controllo completo sul peso e sulle dimensioni dei vostri galleggianti, garantendo una maggiore flessibilità durante la pesca.

I galleggianti piombati sono particolarmente indicati per la pesca in mare, specialmente in condizioni d'acqua mosse, quando i pesci tendono a stare lontani dalla riva. Per costruirli, potete utilizzare sugheri più voluminosi o persino tappi di spumante di dimensioni generose.

Questi materiali sono perfettamente adatti per realizzare galleggianti robusti e adatti a sopportare le sfide delle acque marine in movimento. Adesso costruiremo insieme un galleggiante piombato.

Materiali occorrenti:

- tappo in sughero
- cannuccia dell'inchiostro di una penna
- colla a presa rapida
- disco di piombo
- vernici smaltate, acriliche o spray

Attrezzi consigliati:

- punteruolo o trapano
- taglierino
- carta vetrata

Per iniziare la costruzione, otteniamo un tappo di sughero e con un punteruolo o un trapano con una punta sottile, facciamo un foro al centro che attraversi il sughero da parte a parte.

Successivamente, prendiamo il taglierino e tagliamo

un terzo del sughero. Prendiamo anche un dischetto di piombo con lo stesso diametro del tappo e facciamo un foro al centro di esso.

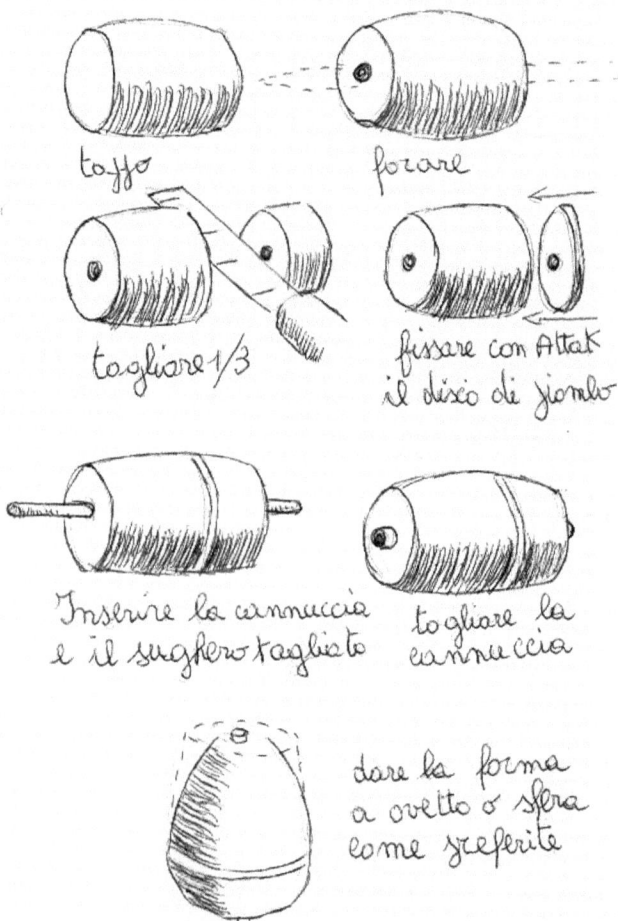

tappo

forare

tagliare 1/3

fissare con Attak
il disco di piombo

Inserire la cannuccia
e il sughero tagliato

togliere la
cannuccia

dare la forma
a ovetto o sfera
come preferite

L'obiettivo è far sì che il foro al centro del piombo combaci perfettamente con quello che abbiamo creato nel tappo di sughero. Utilizziamo della colla per fissare saldamente il piombo al sughero.

Ora, procuriamoci una cannuccia da penna priva d'inchiostro e infiliamola all'interno del sughero in modo che passi completamente da parte a parte. Prendiamo il pezzo di sughero che avevamo precedentemente tagliato e, utilizzando della colla, fissiamolo saldamente al piombo (assicurandoci che il piombo rimanga tra i due pezzi di sughero).

Per ottenere la forma desiderata del nostro galleggiante, useremo un taglierino per arrotondare sia la parte superiore che quella inferiore del sughero, così da dargli una forma ovale o sferica, a seconda delle preferenze. Successivamente, useremo carta vetrata sottile per levigare la superficie fino a ottenere la forma desiderata.

Dopo di che, taglieremo la cannuccia in modo che si trovi all'altezza del sughero. Successivamente, procederemo a colorare l'intero galleggiante a nostro piacimento. È possibile utilizzare vernici smaltate o smalti per unghie, a seconda delle preferenze. La scelta dei colori e dei tipi di vernici spray sarà completamente soggettiva, basata sul vostro gusto personale.

Come fare le lenze per i vostri galleggianti fai da te

Per concludere questa sezione sull'autocostruzione dei galleggianti, è cruciale approfondire il tema della piombatura, della costruzione delle lenze e dei consigli sulla scelta delle esche per la vostra attività di pesca.

Nei prossimi paragrafi, vi condurrò attraverso il processo di piombatura, spiegando come bilanciare correttamente i vostri galleggianti. Inoltre, affronteremo la preparazione delle lenze, evidenziando aspetti importanti da tenere in considerazione.

Vi fornirò anche preziosi suggerimenti riguardo alla selezione delle esche ideali per la vostra lenza da pesca. Questi aspetti rivestono una rilevanza fondamentale per ottimizzare le vostre possibilità di successo nella pesca con i vostri galleggianti e canne autocostruite, garantendovi un'esperienza gratificante sia in termini di catture che di soddisfazione personale.

Come piombare i galleggianti che avete costruito

Inserire dei piombini nella vostra lenza per bilanciare il galleggiante potrebbe sembrare semplice in teoria, pensando che quando il galleggiante è perpendicolare si sia raggiunto il giusto equilibrio. Ma in realtà, non è così semplice.

Immaginate di preparare una lenza per pescare in acque calme e trasparenti; non dovete concentrare la piombatura in un unico punto, altrimenti sarebbe troppo evidente e il pesce ne avvertirebbe la trazione, diventando sospettoso e allontanandosi.

Dovete distribuire in modo più uniforme il peso della piombatura. Invece di utilizzare uno o due piombi di grandi dimensioni per tarare correttamente il galleggiante, potete optare per sei o otto piombini molto più piccoli, ma con lo stesso

peso complessivo, distribuiti a una certa distanza
l'uno dall'altro, di circa un paio di centimetri. In
questo modo, il peso è distribuito uniformemente e
diventa quasi invisibile agli occhi del pesce.

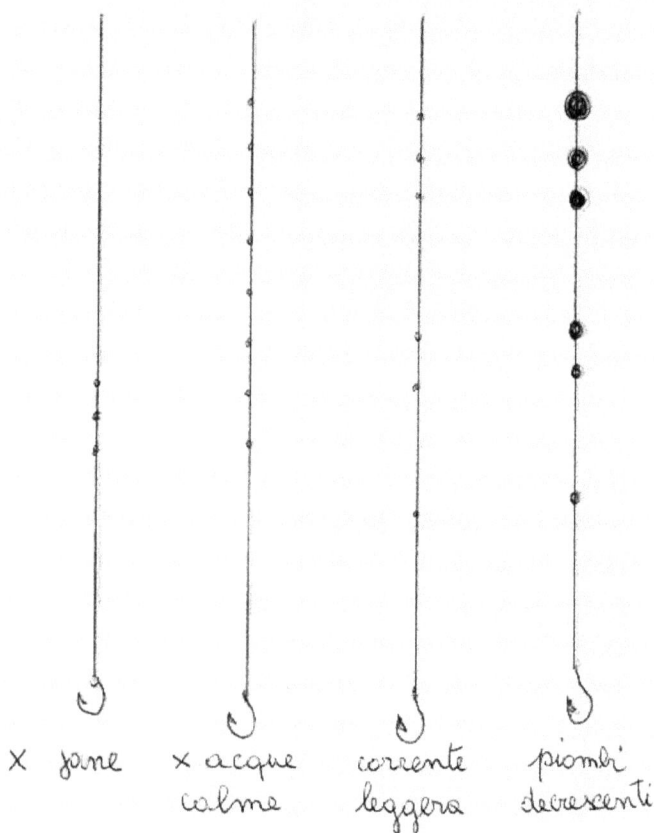

X fiume   X acque   corrente   piombi
           calme   leggera   decrescenti

La quantità di piombo necessaria dipende dalla lunghezza del galleggiante e dalla profondità dell'acqua. Inoltre, maggiore è la sensibilità del galleggiante, prima rileverà il segnale dell'abboccata del pesce. La piombatura non dovrebbe essere troppo vicina all'amo, altrimenti il suo volume potrebbe mettere in allarme il pesce e farlo scappare.

Nel caso di una leggera corrente, il risultato finale della piombatura dovrebbe permettere all'esca di anticipare tutto il corpo della lenza, incluso il galleggiante.

Quando arriva il segnale dell'abboccata, dovremo ferrare, e per una ferrata corretta, la lenza dovrebbe formare una linea retta tra il cimino della canna e l'amo. In caso contrario, se l'amo viene trascinato dalla corrente e rimane dietro al galleggiante, la lenza assumerà una posizione zig-zag, e quando ferrate, la lenza potrebbe non essere abbastanza tesa per consentire una ferrata efficace.

Nella immagine precedente vi ho mostrato alcune piombature di base che vi permetteranno di iniziare nel modo giusto. Con l'esperienza, potrete personalizzarle in base alle condizioni di corrente e profondità. Ogni pescatore sviluppa le proprie convinzioni e teorie sulla piombatura dei galleggianti basate sull'esperienza personale di ciascuna sessione di pesca.

Se durante una sessione di pesca notate che la vostra piombatura e il relativo galleggiante non stanno funzionando come previsto, non esitate a modificarli. È meglio apportare correzioni tempestivamente, poiché in questo modo avrete la possibilità di catturare più pesci.

Trovo giusto trasmettere la propria esperienza agli altri, io ho iniziato così grazie ai consigli dei miei amici pescatori, quindi ragazzi ha funzionato per me, funzionerà anche per voi!

Come preparare una buona lenza

Una buona lenza per essere definita tale, deve possedere a rigore di logica questi requisiti: solidità, finezza e invisibilità.

Per un semplice fatto di praticità, vi sconsiglio la lenza costruita con un solo nylon per tutta la sua lunghezza. Il motivo è questo: può capitare che il nostro amo durante la passata si agganci a qualche asperità del fondale, può essere uno scoglio oppure una radice di un tronco sommerso o altro.

Per quanti tentativi facciamo per cercare di liberarlo, capita molte volte che il nylon si rompe, non possiamo prevedere a che altezza della lenza accadrà, rischiamo di perdere buona parte della lenza compreso il galleggiante.

In questo caso l'unica cosa da fare è rifare completamente tutta la lenza.

Oltre alla perdita di tempo che ne consegue, questo comporta anche la perdita del galleggiante, del nylon con i piombini e amo, quindi per un fatto di praticità e anche di economia dobbiamo costruire la nostra lenza in maniera diversa.

Una lenza costruita in modo logico deve avere un punto debole di rottura, calcolato anticipatamente, così in caso di rottura possiamo ridurre il danno al minimo.

Vi faccio un esempio. Prendete un nylon dello 0,16 per fare la lenza madre e inserite il galleggiante e relativa piombatura. Questa lenza deve essere più corta di mezzo metro della lunghezza della nostra canna.

Il diametro del nylon della lenza madre, deve essere sempre superiore a quello del finale.

Ø 0,16

gassa o microgirelle per fissare il finale

Ø 0,12

Sul finale di questa realizzeremo una piccolissima gassa, alla quale andrà inserito il finale di un nylon più sottile, andrà bene uno 0,12 o uno 0,10. Cosi facendo in caso di un nuovo aggancio sul fondale e relativa rottura nel tentativo di liberare l'amo, essa cederebbe nel punto di congiunzione dei due nylon, quindi perderemo soltanto la parte finale della nostra lenza che comprende soltanto l'amo. Cosi facendo potremo sostituire il nostro finale in brevissimo tempo.

Prevedendo questo spiacevole inconveniente, potete preparare prima della battuta di pesca gli ami già montati sul nylon da applicare alla gassa, così se rompete la lenza sarà molto veloce e pratico sostituirla.

La scelta delle esche

Uno dei dubbi più comuni tra i pescatori, soprattutto tra i principianti, riguarda la scelta delle esche. Le esche possono essere suddivise in tre categorie principali: esche animali naturali, esche vegetali ed esche artificiali. Queste categorie sono utilizzate sia nella pesca in acqua dolce che in mare. Per quanto riguarda la pesca in mare, le esche più diffuse includono pane, gamberi, granchi, cozze, tremolina, coreani e altre varietà. Ultimamente sul mio canale YouTube ho anche pescato con i wurstel e il petto di pollo con ottimi risultati.

Nel contesto della pesca in acqua dolce, le esche naturali abbracciano una vasta gamma di organismi che si trovano nell'ambiente naturale del pesce, tra cui larve, ninfe e vari insetti come effimere, gamberetti, sanguisughe, girini, lombrichi, lumache, cavallette, coccinelle, mosche e molti altri. Questi organismi occasionalmente finiscono in acqua e costituiscono una parte significativa della dieta dei pesci.

Nonostante l'ampia varietà di esche naturali disponibili, la maggior parte dei pescatori tende a utilizzare principalmente due tipi: il bigattino, noto anche come larva di mosca carnaria, e il lombrico.

Il bigattino è una piccola esca che richiede l'uso di ami proporzionati alle sue dimensioni, come quelli di misura 14, 16, 18, 20, 22 e 24.

Con il lombrico, la situazione è diversa poiché è

un'esca più grande che può coprire completamente l'amo in tutta la sua lunghezza, consentendo l'uso di ami di dimensioni maggiori.

Anche le esche vegetali possono risultare molto efficaci. Alcune delle più comuni includono granturco, canapa, polenta, grano, pane e paste realizzate con sfarinati vari e formaggi, particolarmente adatti per la pesca ai barbi e cavedani. La frutta, come le more mature, le ciliegie mature, i fichi maturi e appassiti tagliati a strisce, è altrettanto allettante e rappresenta un'ottima opzione per catturare cavedani.

In queste situazioni, la pasturazione riveste un ruolo molto importante sia prima che durante la sessione di pesca. Se prevediamo di tornare a pescare nello stesso luogo in futuro, è essenziale continuare a pasturare nei giorni precedenti per mantenerlo attivo.

Non ho elencato ulteriori tipi di esche per evitare confusione, ma mi sono limitato a menzionare le opzioni più conosciute e facilmente reperibili. Personalmente, ho utilizzato a lungo i bigattini, che possono catturare una varietà di pesci. Tuttavia, è fondamentale non esagerare con la quantità di bigattini quando pasturiamo. È consigliabile gettare in acqua solo pochi bigattini alla volta, poiché i pesci entrano in competizione tra loro e, a causa della loro avidità, a volte ingeriscono i bigattini interi senza schiacciarli. Le larve ingerite in questo stato, ancora vive e agitate all'interno del pesce, possono causare danni irreparabili all'intestino del pesce e provocare una lunga e dolorosa agonia.

Il lombrico è indubbiamente una delle esche vive più versatili e efficaci. Esistono tre principali specie di lombrichi che possiamo utilizzare per la pesca: il lombrico di terra, il lombrico d'acqua e il lombrico di letame. Questa esca ha dimostrato di essere altamente efficace per catturare una vasta gamma di pesci, dalle specie più piccole ai colossali siluri. La sua versatilità è un grande vantaggio.

Per tenerli prontamente a disposizione, è possibile allevarli in un secchio o contenitore adibito a vivaio. Questo contenitore deve essere riempito di terra ricca di humus e mantenuto umido e fresco, aggiungendo occasionalmente scarti alimentari come insalate, verdure o frutta. Se mantenuto nel modo corretto, avrete una riserva sufficiente di lombrichi per ogni sessione di pesca. Basterà prenderli al momento del bisogno e riporli con cura quelli rimasti alla fine della giornata.

Il lombrico può essere utilizzato intero sull'amo per catturare pesci di taglia medio-grande, oppure tagliato in pezzetti per catturare specie di taglia medio-piccola. La sua efficacia è particolarmente evidente nei mesi che vanno dai primi giorni di settembre fino all'autunno, specialmente durante i periodi di piogge quando il lombrico diventa un'esca imbattibile. L'uso del lombrico continua a essere efficace fino alla primavera successiva.

Durante i mesi estivi, il lombrico è meno disponibile poiché il calore estivo li costringe a rimanere nascosti a una buona profondità nel terreno. Tuttavia, in alternativa, potete considerare l'uso di grosse lumache, che risultano particolarmente efficaci nella cattura del black bass.

Ho personalmente sperimentato questa tecnica in una cava vicino a casa mia, utilizzando la tecnica della lenza libera.

Questa tecnica è altamente catturante e divertente e la consiglio vivamente anche a voi.

Per praticare la tecnica della lenza libera, io ho impiegato una canna da mosca in misto carbonio di 8 piedi con una coda di topo galleggiante DTF 5.

A questa coda di topo avevo fissato m1,5 di nylon dello 0,25 al quale avevo legato un amo dritto del numero 4 innescato con un lombrico intero.

L'azione di pesca era molto semplice, lanciavo nel sotto riva ricco di vegetazione, una volta in acqua tenevo distesa la coda di topo compreso il finale e osservavo la lenza che molto lentamente affondava. L'unica zavorra era il peso del lombrico che andava giù in modo molto naturale, a volte non finiva nemmeno la caduta perché il nylon si fermava all'improvviso per poi ripartire portando con se la coda di topo, era quello il segnale che il bass aveva l'esca in bocca, non dovevo fare altro che ferrare.

Se non avete la canna da mosca potete usare benissimo per questa tecnica anche una canna fissa sui 4 o 5 m, dovete soltanto legare al cimino una cordicella di nylon della lunghezza inferiore di un metro della vostra canna, a questa fisserete un pezzo di nylon dello 0,25 di circa un metro e legare soltanto l'amo. L'azione di pesca sarà la stessa.

Questa cava era piena di bass, molte volte mi capitava di avere terminato i lombrichi, il mio istinto mi suggeriva di guardare nella zona circostante per trovare qualche esca che mi avrebbe permesso di continuare a pescare.

Sotto dei grossi alberi vicino alla riva, notai delle pietre ricoperte da una fitta vegetazione, il terreno era umido grazie anche alla zona d'ombra.

Mi venne subito d'istinto di guardare sotto queste pietre, alzandole, notai che la terra era molto fresca e soffice, vidi dei grossi lumaconi e lombrichi che cercavano di nascondersi dentro alcuni buchi del terreno. Senza esitare, presi il mio contenitore per le esche e iniziai a raccogliere sia i lombrichi che i lumaconi

Inizialmente, ero un po' scettico sull'idea di utilizzare i lumaconi come esca, ma sperimentandoli ho scoperto che erano altrettanto graditi dai bass. La ricerca e la scoperta delle esche direttamente sul luogo di pesca rappresentano una grande soddisfazione e ti fanno sentire un vero pescatore. Questo ti permette di comprendere meglio di cosa si alimenti il pesce in quella zona e durante quella stagione. Sono esperienze e ricordi di un tempo passato che conservo con affetto.

L'esca filosofale

Molti di noi pescatori, dopo aver sperimentato con successo numerosi tipi di esche, cercano una soluzione più semplice: un'esca pulita, facilmente reperibile e comoda da preparare personalmente.

L'importante è che questa esca sia versatile, efficace per catturare una vasta gamma di specie e adatta a varie tecniche di pesca.

Ho sperimentato questa esca in acque dolci, sia nel torrente e nel fiume, i cavedani e barbi hanno apprezzato molto questa esca, oltre a carpe, carassi, scardole, vaironi, e tantissimi altri pesci.

In mare è un'esca eccezionale oltre a essere un'ottima pastura, quest'esca filosofale mi sta dando tantissime e inaspettate soddisfazioni. Questa esca, amici miei, è semplicemente il pane.

Possiamo innescarlo sia asciutto che bagnato, i cefali ne vanno matti, si gettano avidamente in branco sui piccoli pezzi di pane gettati in acqua per pastura spolpandoli in un attimo.

Come innescare il pane asciutto

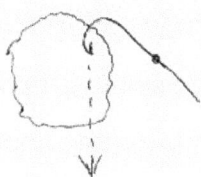

Infilare l'amo facendolo uscire dal sotto

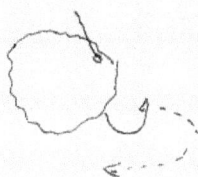

girare l'amo

tirare su l'amo penetrando il fiocco di pane e fressarlo parzialmente sulla paletta

Come innescare il pane bagnato

Prendere una piccola porzioncina e ricoprire appena l'amo

Anche le occhiate, boghe, salpe, saraghi, cernie, scorfani, ghiozzi, mormore, leccia stella apprezzano molto il pane. Questo potete benissimo constatarlo guardando i video del mio canale YouTube "Lelio Pesca".

Ho innescato il pane come esca praticando tante tecniche diverse, e con tutte ho sempre avuto degli ottimi risultati.

Ho praticato la pesca col galleggiante all'inglese, con il galleggiante piombato, con la bombarda recuperando l'esca con brevi pause e qualche scatto tipo lo spinning. Persino a light rock fisching ho potuto fare tante catture, come cernie, scorfani, ghiozzi, donzelle e a volte qualche salpa, occhiate e saraghi.

Anche la tecnica del "bread drifting" ha dato buoni risultati, vedevo arrivare i pesci da tutte le parti e spesso non davano il tempo al pane di affondare che l'aggredivano subito.

Ho voluto sperimentare in mare anche tecniche che solitamente vengono praticate in acque dolci come la Tenkara e la pesca a frusta.

Pescando a Tenkara e innescando il pane come esca, ho potuto catturare tranquillamente sia cefali che occhiate, saraghi, leccia stella e altri tipi di pesci.

Pescando a frusta in fondali misti ho catturato dei pesci che pensavo fosse impossibile pescare, come il pagello e la vieja.

Come potete vedere il pane è un'esca che si presta benissimo a molteplici tecniche e permette di catturare tantissime specie di pesce, ecco perché io la considero un'esca filosofale.

Anch'io i primi anni che praticavo la pesca in mare usavo altri tipi di esche, andavo sempre a comprare i coreani e la tremolina, ma c'era sempre il problema della conservazione dell'esca.

Mi ricordo di alcune volte, nonostante prendessi tutte le precauzioni per la conservazione, al momento che aprivo la scatola e prendevo l'esca per innescarla, la trovavo deteriorata.

Penso che questo sia capitato anche a voi, potete capire la mia delusione e rabbia, questa situazione pregiudicava in modo negativo tutta la mia sessione di pesca.

È stato questo che mi ha spinto a cercare un'alternativa e il pane ha risolto il problema della conservazione, della preparazione e della reperibilità. Il pane è sempre disponibile in casa, è una esca pulita e pronta all'uso ogni volta che decidiamo di andare a pescare.

4.

Le Esche Artificiali

Le esche artificiali, con il loro mistero e il potenziale di catturare i pesci, hanno sempre esercitato un notevole fascino su di me. Quando le incontrai per la prima volta, mi chiedevo come fosse possibile che un pesce potesse abboccare a un oggetto inanimato, come ad esempio i cucchiaini rotanti e ondulanti.

Nel tempo, ho imparato che la vera abilità e sfida del pescatore consistono nel rendere vive queste esche artificiali.

Catturare un pesce con un'esca artificiale è una grande soddisfazione, poiché dimostriamo a noi stessi quanto siamo abili e astuti nel gioco di inganno con il pesce. Le esche artificiali sono in costante evoluzione, con il mercato che offre continuamente nuovi modelli di artificiali sempre più moderni, caratterizzati da forme e colori innovativi. La pubblicità spesso le presenta come esche estremamente catturanti rispetto alle precedenti, stimolando così l'interesse del pescatore all'acquisto.

Anche io, all'inizio, ero incline a comprare quante più esche possibile, convinto che avendo una vasta selezione avrei avuto più possibilità di successo. In teoria, questa affermazione è corretta.

Tuttavia, avendo a disposizione un gran numero di esche, spesso si finisce per cambiarle frequentemente senza concentrarsi sull'utilizzo appropriato di ciascun artificiale.

La realtà è che non tutte queste esche funzionano allo stesso modo in ogni situazione. Sarà l'esperienza, volta per volta, a suggerirti quale artificiale è il migliore da utilizzare.

Partendo dalla base, è importante che i pescatori alle prime armi conoscano quali esche hanno fatto pescare con successo intere generazioni di pescatori.

Il Cucchiaino Rotante

Gli artificiali più diffusi nel mondo della pesca, fin dai tempi remoti, sono i cucchiaini. Le loro origini risalgono a un periodo molto lontano, con alcuni che sostengono che i primi cucchiaini siano stati utilizzati alla fine del 1800 da pescatori che li costruivano in proprio.

Questi pescatori utilizzavano cucchiai da cucina forati, ai quali fissavano un'ancoretta sul finale e un moschettone o un dispositivo simile nella parte superiore, che veniva collegato alla lenza principale. Da questa pratica deriva il nome "cucchiaino".

I cucchiaini si dividono principalmente in due categorie: rotanti e ondulanti. I cucchiaini rotanti sono costituiti da una paletta che ruota attorno a un asse in filo d'acciaio armonico. Il corpo di questo asse è solitamente piombato, con il peso variabile in base alla distanza desiderata nel lancio.

Inclusi nel corpo ci sono anche piccole perline che riflettono la luce, attirando l'attenzione del predatore e stimolandolo ad attaccare l'artificiale. Il cucchiaino rotante rimane uno dei più amati tra i pescatori che praticano lo spinning. Nel corso del tempo, le case produttrici hanno sviluppato una vasta gamma di modelli adatti sia alla pesca ultraleggera che alla cattura di pesci di grandi dimensioni.

Questo versatile artificiale si dimostra efficace per vari tipi di predatori, dimostrando quanto un semplice cucchiaino rotante possa regalare numerose catture.

Io stesso posso confermare tutto questo, è stato il mio primo artificiale con il quale ho catturato le trote, i persici reali, il black bass, cavedani oltre ad altri pesci occasionali.

Mi è capitato anche di catturare dei pesci gatto africani e dei lucci, tra i quali uno di 1 metro e 20 cm catturato con un cucchiaino della Martin di 28 gr con un fiocco rosso sull'ancoretta.

Per pura curiosità, ho deciso di sperimentare l'utilizzo del cucchiaino rotante anche in mare, anche se ho dedicato solo un breve periodo a questa pratica. Ricordo di aver catturato alcune tracine, il che mi fa pensare che anche in ambienti marini il cucchiaino rotante possa riservare delle piacevoli sorprese. Il recupero del cucchiaino rotante è abbastanza semplice: una volta lanciato in acqua, basta recuperarlo in modo costante e lineare.

Materiali occorrenti:

- filo di acciaio armonico del diametro di 0,5 mm
- una lastra di metallo leggero (in sostituzione un tappo di bibita) per la paletta
- due perline (una più piccola e una più grande)
- un piombo forato a oliva per il corpo
- un ancorotto o amo senza ardiglione

Attrezzi consigliati:

- una pinza
- un pennarello
- una cesoia
- una lima a ferro
- chiodo
- martello

Iniziamo la costruzione del nostro artificiale, partendo dalla paletta, che possiamo realizzare utilizzando una lastra di metallo leggero reperibile in una mesticheria o anche un tappo di birra.

Per creare la paletta del nostro artificiale, iniziamo disegnando la sua forma ovale su questo materiale utilizzando un pennarello. Successivamente, utilizziamo delle cesoie robuste per tagliare seguendo il contorno disegnato.

Se desiderate realizzare la paletta utilizzando un tappo di birra, iniziate schiacciandolo con un martello per appiattirlo. Una volta appiattito, potete disegnare la forma ovale desiderata sulla superficie e procedere al taglio. Questo costituirà la vostra paletta, un componente chiave del nostro artificiale.

Ricavata la nostra paletta dobbiamo praticare un foro nella parte alta. Potete disegnare il punto da forare con un pennarello. Poi prendete un chiodo, mettetelo sopra il punto e cominciate a picchiare con il martello fino ad ottenere il foro.

Fatto questo prendete una lima a ferro e lisciate il tutto, quindi i bordi del perimetro, la superficie e i bordi del foro. Indipendentemente da cosa avete usato per fare la paletta, ci sarà da darli una forma concava simile ai modelli che ci sono in commercio, ad esempio come il modello Martin, e potete farlo aiutandovi con delle pinzette.

Il colore della paletta è importante: se avete utilizzato un pezzo di metallo, lucidatelo accuratamente finché non rifletterà bellissimi riflessi argentati. Se invece avete usato un tappo di birra, potete scegliere se lasciarlo così com'è o verniciarlo a vostro piacimento.

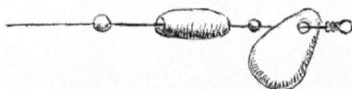

Adesso prendiamo il filo d'acciaio e sul lato destro fate un anellino di chiusura come nel disegno. Per farlo, dovete prendere la parte finale del filo di acciaio e avvolgierlo due o tre volte attorno a un chiodino.

Una volta fatto l'anellino di chiusura inserite dal lato sinistro la paletta, poi una perlina piccola, poi il corpo in piombo, poi la perlina più grande. Potete capire meglio questa sequenza guardando il disegno.

Arrivati a questo punto, ci rimane solo da creare un gancio sulla sinistra con l'aiuto di una pinza. Quindi, pieghiamo l'estremità finale di un centimetro come nella parte a sinistra del disegno, qui andrà inserito l'amo o l'ancoretta.

Guardate la freccia vicino all'amo della figura, il centimetro finale del filo d'acciaio dovrà andare a combaciare in modo parallelo con l'altra parte del filo di acciaio.

Questa piega ci permetterà di fissare saldamente l'ancoretta o l'amo. Poi, prendete la perlina più grande e fatela scorrere a sinistra in modo da bloccare il gancio creato.

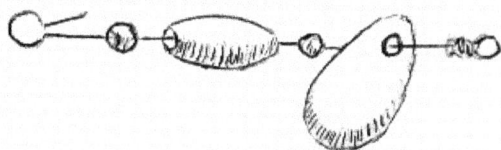

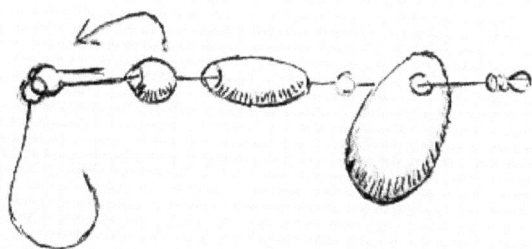

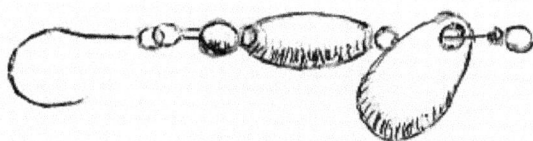

Ecco fatto! Ora il nostro artificiale fai-da-te è pronto per essere utilizzato. Questo semplice processo di costruzione ci permette di creare esche personalizzate che possono rivelarsi molto efficaci durante la pesca. Adesso non vi resta che divertirvi a provare in pesca le vostre creazioni.

Il Cucchiaino Ondulante

Abbiamo precedentemente menzionato che i cucchiaini si suddividono principalmente in due categorie: rotanti e ondulanti. Bene, adesso ci concentreremo sull'ondulante, che è completamente diverso dal rotante. La sua forma è progettata per imitare o dare l'idea di un piccolo pesce.

L'ondulante ha un corpo interamente realizzato in metallo, con variazioni di peso che consentono di pescare sia a mezz'acqua che in profondità.

Per sfruttare al meglio l'ondulante, solitamente praticheremo la pesca in discesa, seguendo la corrente da monte verso valle. In condizioni di forte corrente, è possibile lasciare l'ondulante fermo tenendo la canna bassa e in tensione. La corrente stessa conferirà il movimento all'artificiale. Di tanto in tanto, sarà necessario dare più lenza all'ondulante per esplorare una zona più ampia di acqua.

Ho personalmente ottenuto notevoli successi utilizzando questa tecnica, catturando numerosi cavedani nel fiume della mia città Prato: il Bisenzio.

Gli ondulanti in metallo più leggero possono essere recuperati anche in superficie. Per farlo, è necessario utilizzare recuperi irregolari con rilasci continui. Questo movimento ondulante simulerà un piccolo pesce in difficoltà e cattiva salute, attirando l'attenzione dei predatori e incoraggiandoli all'attacco.

In passato, i colori degli ondulanti erano più semplici, principalmente argento e oro. Usavo gli ondulanti argentati durante le giornate nuvolose, in acque torbide o in zone ombreggiate. D'altra parte, gli ondulanti dorati li utilizzavo in acque trasparenti e in condizioni di forte luce, specialmente nelle belle giornate soleggiate.

Come potete vedere, è relativamente semplice capire quale artificiale utilizzare, basta considerare i contrasti di luce in relazione alle condizioni dell'acqua e del tempo. Il recupero dell'ondulante è notevolmente diverso da quello del rotante, poiché non deve essere lineare ma caratterizzato da brevi pause, piccoli scatti e rilasci con continui cambi di velocità.

Dipenderà completamente da voi rendere vivace un oggetto inanimato, simulando un pesce in difficoltà con un movimento irregolare, simile al movimento delle foglie secche che cadono in autunno. Queste foglie non cadono dritte a terra, ma oscillano leggermente da una parte all'altra. Lo stesso principio vale per il vostro ondulante. Ovviamente, ogni pescatore personalizzerà il proprio stile di recupero, ottenendo risultati diversi.

L'ondulante può anche essere efficace nello spinning in mare, sia dalla barca in traina, dalle scogliere che dalle spiagge con fondali misti. È particolarmente efficace nelle vicinanze delle foci dei fiumi. Le ore migliori per utilizzarlo sono durante i cambi di luce del giorno, all'alba o al tramonto.

Materiali occorrenti:

- un piccolo pezzo di lamiera di metallo di 1 o 2 mm
- due anellini metallici
- un ancorotto o amo senza ardiglione
- vernici smaltate, acriliche o spray

Attrezzi consigliati:

- una lima a ferro
- seghetto a ferro
- una morsa da banco
- un trapano con una punta a ferro
- pinze

Per prima cosa, iniziate disegnando la forma desiderata dell'ondulante sul piccolo pezzo di lamiera (o in alternativa su un pezzo di metallo leggero). Puoi darle una forma simile alla figura o qualsiasi altra che ritieni attraente per i pesci.

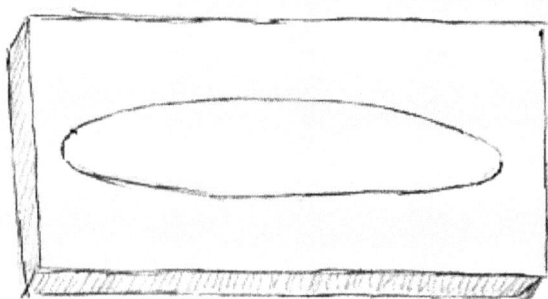

Naturalmente potete trovare il pezzo di lamiera in mesticheria se non riuscite a riciclarlo dai vostri vecchi oggetti che avete in casa.

Adesso, posizionate la lamiera nella morsa da banco in modo che sia ben salda.

Utilizzate una sega a ferro per tagliare la lamiera seguendo il contorno del vostro disegno. Mi raccomando, assicuratevi di seguire attentamente il percorso del disegno.

Usate un trapano con una punta a ferro per praticare due fori alle estremità degli ondulanti. Questi fori saranno utili per collegare gli anelli metallici.

Adesso dovremo limare i bordi, quindi usate delle lime a ferro per rendere i bordi degli ondulanti lisci e privi di spigoli vivi.

Con delle pinze, piegate gli ondulanti leggermente per conferire loro una forma a banana. Questa curvatura sarà molto utile durante il recupero dell'esca, il nostro artificiale simulerà la nuotata di un piccolo pesce.

Adesso avrete bisogno di 2 anellini che potete trovare tranquillamente nei negozi di pesca. Collocate questi anellini metallici nei fori che avete creato alle estremità degli ondulanti. Un anello servirà per collegare l'artificiale al moschettone della lenza madre, mentre l'altro serve per inserire l'ancorotto o l'amo.

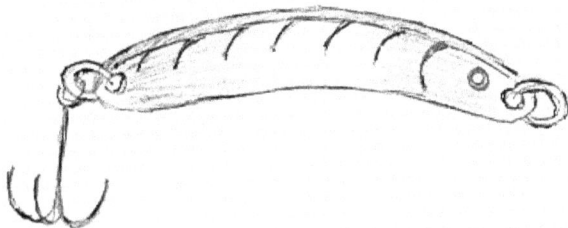

Adesso potete passare alla fase della colorazione. Se lo desiderate, potete rendere gli ondulanti più attraenti per i pesci colorandoli con delle vernici smaltate, acriliche o spray. Potete personalizzarli prendendo spunto dagli artificiali che avete nella vostra cassetta di pesca, oppure dai vari cataloghi di pesca.

Il Minnow

Ora, vediamo come costruire dei minnow, ma prima, cos'è un minnow?

I minnow non sono altro che imitazioni di pesciolini, più o meno fedeli alla realtà. Alcuni vengono realizzati in legno di balsa, mentre altri sono prodotti in materiale plastico con un'anima in acciaio armonico all'interno. Questa struttura metallica serve come supporto per fissare delle ancorette o, ancor meglio, degli ami senza ardiglione, particolarmente indicati per chi pratica il "Catch & Release".

I minnow possono essere realizzati sia galleggianti che affondanti. I modelli galleggianti variano nella lunghezza della paletta, con quelle più corte utilizzate per la pesca in superficie, mentre le palette più lunghe e pronunciate consentono di far lavorare il minnow anche a profondità maggiori.

Inoltre, i minnow possono essere interi o snodati. Quest'ultima varietà offre un movimento sinuoso e allettante, adatto per diverse tipologie di acque, sia dolci che salate. Per la pesca in mare, ci sono numerosi modelli disponibili, differenziati per dimensioni e forme particolari.

Il mercato delle esche artificiali è in continua evoluzione e offre sempre nuovi modelli, più moderni e allettanti. I pescatori più esigenti avranno davvero l'imbarazzo della scelta. A seconda del modello, questi artificiali sono adatti a svariate tipologie di predatori, sia per la pesca dalla barca in modalità traina, che per lo spinning da terra.

I primi minnow che ho utilizzato e che mi hanno regalato grandi soddisfazioni erano della marca Rapala. Sfogliando un catalogo di vendita per corrispondenza, rimasi affascinato da questi modelli: erano argentati con la schiena scura, e osservandoli attentamente, notai che rappresentavano una perfetta imitazione di un piccolo pesce. All'inizio, ero un po' scettico e dubbioso sull'efficacia dei minnow. Mi sembrava quasi impossibile che un predatore potesse ingannarsi e scambiarli per un vero pesciolino.

Penso che questi dubbi li abbiamo avvertiti un po' tutti all'inizio, però pescando ti accorgi che funzionano benissimo e il loro movimento in acqua non ha niente da invidiare a un pesciolino vivo.

Con questo modello ho potuto catturato i black bass, le trote, i persici reali e i cavedani e a volte anche pesci occasionali che inspiegabilmente attaccano il minnow.

La mia prima esperienza di pesca con un minnow mi ha regalato la cattura di alcuni black bass. In quel periodo, mi trovavo a Donoratico, in provincia di Livorno, nella splendida Toscana. Conversando con alcuni amici, venni a sapere dell'esistenza di un laghetto nelle vicinanze del mio campeggio, dove trascorrevo le vacanze con la mia famiglia.

Esplorare questo luogo è stata una vera avventura, poiché non avevo alcuna indicazione precisa sulla sua posizione. Il laghetto si trovava in una bellissima campagna, attraversata da viottole che costeggiavano campi di girasoli, di saina e di granturco, circondati da alberi da frutto. Mentre cercavo il laghetto, mi sembrava di essere all'interno di un quadro dei pittori macchiaioli, con una bellezza naturale mozzafiato.

Dopo aver percorso alcune strade sbagliate, finalmente sono riuscito a trovare il laghetto. Eccitato e felice, mi sono subito messo alla ricerca del posto giusto per pescare. L'acqua vicino alle sponde del laghetto era abbastanza bassa, e ho notato subito la presenza di piante di ninfee e ciuffi di alghe che facevano da cornice.

Questo scenario mi ha ricordato alcuni articoli di pesca che avevo letto in precedenza. Le riviste suggerivano di lanciare in prossimità delle ninfee e delle alghe, poiché rappresentavano il luogo ideale per incontrare il black bass. Senza indugio, ho montato la mia canna da spinning e ho fissato al moschettone un minnow argentato della Rapala di 10 cm come esca artificiale.

Devo essere sincero, non ero molto convinto di riuscire a prendere qualcosa, male che vada farò pratica, pensai, al limite osserverò il movimento in acqua di questo minnow per capire come si muove e il suo corretto utilizzo durante il recupero.

Lanciai molto vicino alle foglie delle ninfee tenendo fermo il minnow per 10 secondi, quando i cerchi concentrici dell'impatto nell'acqua furono spariti, incominciai a muovere timidamente il minnow alternandolo con qualche breve pausa.

Lentamente aumentavo la velocità del recupero simulando un esserino vivo che caduto in acqua in un ambiente sconosciuto, voleva rendersi conto timidamente dei possibili e eventuali pericoli, prima di muoversi con sicurezza.

All'improvviso, vidi partire sotto le foglie galleggianti di queste ninfee, una sagoma verde, uscendo fuori dall'acqua prese in bocca il minnow, ferrai subito e immediatamente sentii scuotere energicamente la punta della canna. Incredibile! Ero riuscito a stimolare l'attacco di un bass.

Nei pochi attimi che il bass si trovava fuori dall'acqua, notai che sentendosi agganciato, scuoteva la testa più volte cercando di liberarsi. Quando cadde in acqua fece un tonfo rumoroso continuando ad agitare le acque con continui colpi di coda, anche se ero molto emozionato riuscii a tenere la canna in tensione, l'acqua era bassa e non trovando rifugi dove potersi nascondere, fu abbastanza agevole portarlo a riva.

Il cuore mi batteva forte perché questa scena che avevo sempre immaginato leggendo le varie riviste di pesca, io la stavo vivendo di prima persona. Incredibile! Non credevo ai miei occhi! Che attimi bellissimi e indimenticabili! Che emozione!

Girando per le rive del laghetto poco dopo ne agganciai un secondo, esercitando sempre la stessa tecnica, che consisteva nel lanciare vicino alle foglie, aspettare che i cerchi nell'acqua sparissero e incominciare il lento recupero.

Ero felicissimo, quasi stentavo a crederci! La prima volta che ho usato il minnow ho catturato subito due bass! Quanto ho fantasticato durante il ritorno al campeggio immaginando ancora le prossime catture.

Praticando successivamente questa tecnica anche nei fiumi dove le acque erano lente, utilizzando il minnow, ho potuto catturare nuovamente molti altri pesci. Tutto questo è servito a farmi capire una cosa molto importante e cioè mai cambiare ciò che ha funzionato.

Affascinato da questi minnow che avevo acquistato in negozio, ho voluto provare a costruirli da me e adesso vi farò vedere come ho fatto.

Materiali occorrenti:

- una tavoletta in legno di balsa
- un filo d'acciaio inox di 0,6 o 0,7 mm di spessore
- un pezzo di plastica rigida trasparente per la paletta
- due anellini metallici
- due ancorotti o ami senza ardiglione
- filo o lamina in piombo da introdurre all'interno del minnow
- vernici smaltate, acriliche o spray
- stucco a legno
- colla a presa rapida

Attrezzi consigliati:

- morsa da banco

- seghetto a legno

- carta vetrata

- pinze

- un chiodo

Iniziamo disegnando la forma del nostro minnow su una tavoletta in legno in balsa. Potete trovare questo legno nei negozi di modellismo, è un legno molto morbido che si presta molto bene alla nostra costruzione.

La forma dovrebbe assomigliare a un piccolo pesce. Quindi, sii creativo e sperimenta con diverse sagome finché non ottieni quella che preferisci.

Successivamente, fissiamo la tavoletta in una morsa e utilizziamo un seghetto a legno per ritagliare il contorno del nostro minnow. Assicurati di seguire il disegno con precisione.

1)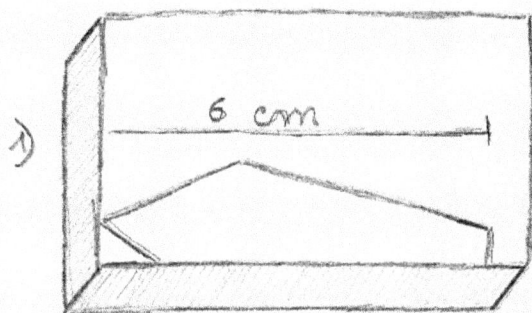

6 cm

2)

3)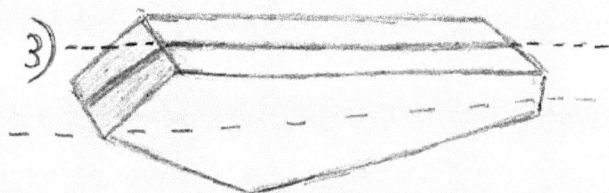

Adesso, capovolgiamo la sagoma e con un righello tracciamo una linea nel centro. Questa linea ci aiuterà a segare il minnow longitudinalmente.

Ora possiamo segare lungo questa linea fino a raggiungere circa metà dei due lati. Successivamente, facciamo un taglio obliquo per inserire la paletta.

La paletta può essere ricavata da un pezzo di plastica trasparente. Attenzione, non mi riferisco a una bottiglia di plastica, sarebbe troppo morbida, ma ad una plastica più rigida e massiccia. Io ad esempio l'ho rimediata da una scatola trasparente per alimenti che avevo in casa.

Una volta ultimato il tutto, potete usare della carta vetrata fine per smussare gli angoli e rendere la sagoma il più liscia possibile fino in modo da farla assomigliare ad un vero pesciolino.

Adesso dovremo preparare l'anima in acciaio, che sarà il cuore del nostro minnow. Dovete prendere un filo di acciaio armonico e con una pinza dobbiamo modellarlo come nel disegno.

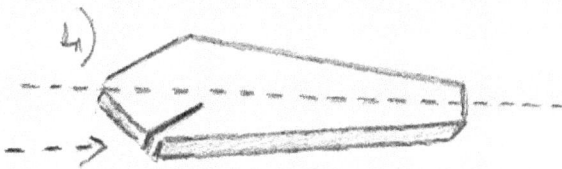

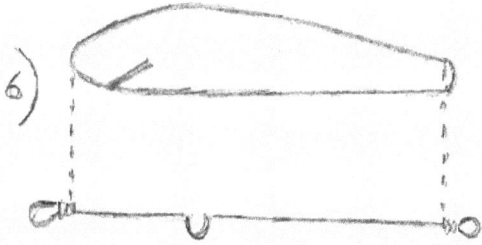

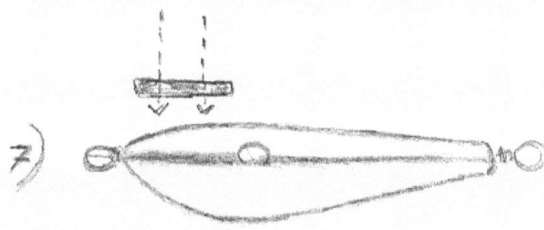

Per realizzare l'anello finale e iniziale sul filo d'acciaio armonico dovete prendere un chiodo e avvolgere intorno a questo per due o tre giri, come visto in precedenza quando abbiamo costruito il cucchiaino rotante. Successivamente a partire dal centro spostato verso sinistra eseguite una piega a forma di u come vi suggerisce il disegno.

Una volta finita, inseriamo l'anima all'interno del minnow in modo che i due anellini sporgano all'esterno dalla sagoma.

Per garantire che il nostro minnow sia bilanciato e nuoti correttamente, inseriamo il piombo nella fessura tra l'anellino centrale e la testa del minnow. Versiamo anche qualche goccia di colla a presa rapida per fissare il tutto. Successivamente prendiamo lo stucco a legno e riempiamo la fessura che si è creata e lasciamo seccare per 24 ore. Infine, usiamo la carta vetrata fine per lisciare bene la superficie.

Ora, prima di inserire la paletta di plastica trasparente rigida, è importante applicare alcune gocce di colla a presa rapida all'interno della fessura obliqua che avevamo precedentemente creato. Successivamente, posizioniamo la paletta nella fessura.

Ora è il momento di dare colore al nostro minnow a piacimento. Ispiratevi ai modelli che vi piacciono o create delle vostre varietà di colori unici. Non limitate la vostra fantasia!

Infine, inseriamo al minnow gli anellini per fissare gli ami o ancorotti.

Ora il tuo minnow è pronto per le tue avventure di pesca. Buon divertimento!

5.

La Pesca con la Mosca Artificiale

La pesca con la mosca artificiale è ampiamente considerata la forma più pura e affascinante di pesca. Questa tecnica ha una storia molto interessante nel nostro territorio, essendo stata introdotta dagli inglesi.

Ancora oggi, molte delle mosche artificiali utilizzate in questa tecnica portano nomi inglesi, e le misure delle canne da mosca sono espresse in piedi (un piede corrisponde a circa 30,48 centimetri). Questa tradizione e terminologia continuano a conferire un tocco di autenticità e storia a questa forma di pesca, che coinvolge una stretta connessione tra il pescatore, l'attrezzatura e la natura circostante.

La mia prima canna da mosca era in misto carbonio e misurava 8 piedi, mi ricordo che dovetti fare un corso di pesca a mosca per imparare la tecnica di lancio.

Il corso che frequentai fece cambiare completamente il concetto che avevo sulla pesca: non è tanto il pesce che si prende, ma è come si prende!

Ho imparato il rispetto per l'ambiente e soprattutto per i pesci, tengo sempre pulito lo spot di pesca durante le mie sessioni e pratico sempre il catch & release (cattura e rilascio).

Nella mia attività di pescatore a mosca, confesso di non essere mai stato un grande lanciatore, non mi interessava più di tanto riuscire a lanciare a grandi distanze, quando avevo tirato fuori dal mulinello qualche metro di coda di topo per me era più che sufficiente.

I lanci che facevo permettevano lo stesso ai pesci di abboccare alle mie mosche, quindi per me andava benissimo così.

La mia tecnica di pesca era un'esperienza molto

coinvolgente. Indossavo gli stivali a coscia e con estrema cautela mi immergevo nell'acqua, procedendo lentamente per evitare di spaventare i pesci. La mia principale preoccupazione era sempre quella di avvicinarmi il più possibile al pesce in modo da rendere la pesca con la mosca secca un'arte di avvicinamento al pesce stesso mentre risalivo il corso del fiume.

L'obiettivo era quello di replicare il più fedelmente possibile il comportamento naturale delle mosche, cercando di catturare l'attenzione dei pesci. Questa tecnica richiedeva molta pazienza e abilità, poiché dovevo studiare il comportamento dei pesci e adattare la mia presentazione di mosche alla situazione.

Risalire il fiume mi offriva un'opportunità unica per osservare da vicino l'ambiente acquatico e studiare il comportamento dei pesci.

Era un'esperienza affascinante che richiedeva un approccio delicato e rispettoso nei confronti della natura e dei pesci.

Era una pesca non solo basata sulla tecnica, ma anche sulla comprensione del mondo sottomarino e sull'arte di catturare l'attenzione dei pesci in modo discreto e convincente.

Osservando i fiumi e torrenti, notavo che nella maggior parte dei casi, i pesci stavano con il muso rivolto verso monte, quindi risalire il fiume era ottimo, perché il pesce non poteva né vedermi, né sentirmi, grazie anche alla leggera corrente che mi veniva incontro.

Mi collocavo sempre al centro di essi, lanciavo sia dalla parte destra che sinistra, dove la distanza dalle rive e il fondale lo permetteva.

I miei spot preferiti erano le rive con alberi e vegetazione circostante, queste piante creavano delle zone d'ombra in acqua, dove i pesci stazionavano tranquillamente, in attesa del passaggio di qualcosa da mangiare.

Dove c'è molta vegetazione ci sono anche molti insetti, che volano e cadono in acqua, specialmente nelle calde sere d'estate.

Il Bisenzio era il mio fiume preferito, lo conoscevo molto bene, avevo imparato a riconoscere ogni nascondiglio del pesce, specialmente dei cavedani sempre in attesa di qualche insetto che accidentalmente cadeva in acqua.

Questo è il segreto della pesca, bisogna sempre capire dove si trova il pesce se vogliamo pescarlo sprecando il minor tempo possibile nella sua ricerca.

Queste semplici ma attente osservazioni faranno sviluppare in voi il senso dell'acqua e vi aiuteranno a sviluppare una comprensione più profonda dell'ambiente acquatico, riducendo il numero di lanci, ma assicurandovi che ognuno di essi sia mirato direttamente al pesce.

La pesca a mosca non è soltanto quella praticata con la canna e mulinello con la coda di topo, possiamo praticarla benissimo anche con tecniche più semplici come la pesca a tenkara e la valsesiana, oppure anche a frusta.

Un grande vantaggio di queste tecniche è che sono alla portata di tutti, non è necessario lanciare la mosca lontano poiché il pesce può trovarsi più vicino di quanto si possa immaginare, a patto di saperlo individuare. Possiamo praticare queste tecniche con una attrezzatura molto semplice e ridotta, che ci permetterà di spostarci comodamente da una parte all'altra con il minimo ingombro. Per fare questo avremo bisogno soltanto di una semplice canna, una cordicella e un pezzo di nylon lungo quanto le nostre braccia al quale legheremo la nostra mosca.

Naturalmente porteremo con noi qualche mosca di riserva, tenute comodamente in una piccola scatola porta mosche nel nostro gilet da pesca o nelle tasche dei nostri pantaloni.

Ho praticato queste tecniche con canne costruite da me in bambù e posso garantirvi che nonostante la semplice attrezzatura, queste tecniche sono veramente micidiali.

Per la pesca a mosca non ci sono limiti, possiamo praticarla in ogni tipo di acqua, dai saltellanti piccoli torrenti di montagna fino ai grandi fiumi del piano, nelle piccole cave e nei laghi dove ci metteremo alla ricerca degli spot giusti per poter lanciare le nostre mosche.

Nei pressi di casa mia, in una vecchia cava, andavo spesso a pescare il bass con la canna da mosca con la coda di topo. Mi costruivo delle grosse mosche di fantasia e popper con corpo in sughero e piume colorate.

La mia tecnica consisteva nel lanciare le esche nel sotto riva in prossimità del branco di alghe. Appena l'esca toccava l'acqua il bass l'attaccava subito saltando fuori dall'acqua con i suoi balzi spettacolari.

A breve distanza dalla riva, spuntavano dall'acqua rami ormai spogli, sui quali le libellule si posavano. Molte volte i bass le catturavano al volo prima che potessero atterrare su quei rami; questo era il segnale che i bass erano in caccia. In questi momenti, potevo pescarli con mosche o imitazioni di libellule o popper. Non avete idea di quanti bass sono riuscito a catturare durante le mie sessioni di pesca.

Questo succedeva perché conoscevo molto bene il mio territorio di pesca, e inoltre prima di iniziare a pescare dedicavo sempre qualche minuto a una attenta osservazione delle acque, per capire se i bass si trovassero sul fondo oppure in superficie. Saper leggere le acque è molto importante, se osservandole non vediamo nessuna attività in superficie, nessun cerchio provocato da insetti o pesci, vuol dire che il pesce non sale o è fermo nei suoi luoghi di attesa, questo è il momento di pescarlo sul fondo.

Viceversa se vediamo del movimento sulla superficie dell'acqua, come i classici cerchi allora è il momento giusto per insidiarlo con esche di superficie.

Il bass è stato definito croce e delizia da molti pescatori, perché è un pesce apatico, quando non ne vuole sapere di attaccare le nostre esche, niente gli farà cambiare idea. Viceversa quando è in caccia possiamo insidiarlo con qualsiasi esca.

Ho pescato il bass anche in altri laghetti, ma non è stata la stessa cosa, quella cava ancora oggi la ricordo con molta nostalgia, mi è rimasta nel cuore.

Purtroppo come spesso accade, le cose belle finiscono sempre, per ragioni di sicurezza quella cava è stata recintata e chiusa, con enorme dispiacere ho dovuto accettare questa realtà.

Le Mosche Artificiali

La pesca con la mosca artificiale si suddivide in tre categorie principali: mosca secca, mosca sommersa e ninfa. In ognuna di queste categorie, esistono differenze cruciali in termini di tecnica e approccio.

Vediamo ora le varie distinzioni e condividiamo alcuni consigli e suggerimenti specifici per ognuna di esse.

La mosca secca

La mosca secca è prevalentemente utilizzata nei mesi più caldi dell'anno, solitamente da maggio a settembre o ottobre, a seconda delle condizioni meteo.

Quando ci prepariamo per una giornata di pesca con la mosca secca, è fondamentale osservare attentamente l'ambiente circostante. Le rive ricche di vegetazione spesso ospitano una vasta concentrazione di insetti che volano da un punto all'altro.

Questi insetti sono la principale fonte di cibo per i

pesci, quindi è essenziale imparare a identificarli e osservarne le caratteristiche. Questa conoscenza ci permetterà di presentare un'imitazione di mosca artificiale che assomigli il più possibile all'insetto naturale.

Per prima cosa dobbiamo tenere conto della silhouette dell'insetto che vogliamo imitare, il colore ha meno importanza nella mosca secca, il pesce vede dal basso in alto un corpo che galleggia contro uno sfondo luminoso.

In queste condizioni, i dettagli del colore diventano meno rilevanti, verrà notata soltanto la sua silhouette.

Nella tarda serata osservando le acque, specialmente nelle ore che anticipano il tramonto, noterete dei piccoli cerchi in superficie, questi cerchi sono provocati da una miriade di insetti stremati dal volo o dalla fine del ciclo della loro breve vita, (come le effimere) che cadono in acqua.

Per il pescatore è questo il momento magico per presentare la sua mosca, il pesce entrando in questa frenesia alimentare, non farà molto caso al pescatore o alla sua imitazione, ma penserà soltanto a mangiare più mosche possibili dimenticando ogni tipo di precauzione.

Nella costruzione della nostra mosca secca utilizzeremo piume con molte hackles (i peli della piuma), questi garantiranno una buona galleggiabilità, oltre a realizzare un corpo molto leggero.

Ecco un consiglio semplice ma efficace per garantire alla vostra mosca un perfetto galleggiamento: prima di immergerla nell'acqua, passate un sottilissimo strato di grasso di vasellina sul corpo dell'artificiale. Questo è un metodo economico e funziona benissimo.

La mosca sommersa

Al contrario della secca, la pesca con mosca sommersa possiamo praticarla benissimo durante tutto l'arco dell'anno e in qualsiasi condizione climatica.

La pesca con la sommersa è una tecnica molto redditizia, è consigliabile praticarla scendendo il nostro corso d'acqua da monte a valle, lanciando direttamente attraverso la corrente. Una volta lanciato in acqua il nostro finale, dobbiamo mantenere bassa la nostra canna, quasi a sfiorare l'acqua e seguire le nostre mosche per tutta la discesa, tenendo sempre la nostra coda di topo in leggera tensione.

Quando le mosche finiranno la loro corsa, dobbiamo rilanciare di nuovo per diverse volte aumentando la lunghezza della nostra lenza per esplorare un tratto più ampio.

Appena un tocco si delinea in prossimità di una o più mosche, oppure notiamo un cerchio in superficie e avvertiremo una leggera trazione sulla lenza che sarà trasmessa subito alla mano, dobbiamo rispondere tempestivamente.

Comprendere appieno la differenza tra le mosche secche e sommerse è fondamentale, soprattutto se siete interessati a costruirle da soli.

Mentre per le mosche secche il colore potrebbe essere meno rilevante, per le mosche sommerse, invece, la tonalità e i dettagli rivestono un'importanza cruciale. Questo perché il pesce le osserva da sotto, godendo di una luce che mette in evidenza ogni particolare della mosca. Queste indicazioni sono estremamente preziose quando si tratta di creare mosche artificiali in modo da replicare con precisione le caratteristiche delle mosche naturali.

Quando costruiamo la nostra lenza per la pesca sommersa, diventa essenziale capire come impiegare efficacemente le mosche. In questa tecnica, solitamente utilizziamo due mosche e possiamo montarle sulla lenza mantenendo una distanza di circa 40-50 cm tra di loro. Questa disposizione consente alle mosche di coprire un tratto più ampio del torrente, aumentando le possibilità di catturare il pesce.

Le mosche sommerse più adatte per questa tecnica sono spesso i classici spyder e possono essere usati in vari colori: rosso, arancio, nero e giallo. Sono davvero efficaci nell'imitare le mosche vere.

Nella tecnica valsesiana, è rilevante notare che si possono utilizzare fino a tre mosche, consentendo al pescatore di sondare ulteriormente l'ambiente e catturare più facilmente l'attenzione dei pesci nel torrente. Di solito, si pesca con tre mosche posizionate a una distanza di circa 35 cm l'una dall'altra, sebbene la distanza esatta possa variare in base all'ampiezza del torrente e alla velocità dell'acqua. Le due mosche più vicine alla canna vengono collegate all'asse della lenza attraverso un breve "bracciolo" di filo, che di solito misura circa 5 cm. Questo gruppo di tre mosche legate insieme è comunemente noto come il "Trenino Valsesiano".

La pesca a ninfa

La tecnica di pesca a ninfa è una strategia altamente efficace per catturare pesci in condizioni invernali o in acque fredde quando i pesci rimangono prevalentemente sul fondo e non mostrano alcuna attività in superficie. In queste giornate più fredde, il pesce cerca riparo sul fondo del corso d'acqua, con il muso rivolto verso monte, in attesa di catturare le larve o le ninfe che vengono trasportate dalla corrente.

Le larve e le ninfe sono le forme giovanili degli insetti acquatici. Queste creature si sviluppano in ambienti acquatici e sono una parte essenziale della dieta dei pesci. Quando si schiudono, queste larve e ninfe non hanno ancora la forza di raggiungere la superficie dell'acqua, quindi vengono trascinate via dalla corrente e rimangono in prossimità del fondo. È qui che entra in gioco la tecnica di pesca a ninfa.

Per la pesca a ninfa, è consigliabile usare una canna più lunga rispetto alla pesca a mosca secca o sommersa, la misura più indicata si aggira sui tre metri.

La tecnica di pesca a ninfa richiede una buona padronanza della presentazione della ninfa e della gestione della deriva. I pescatori devono essere in grado di posizionare l'esca in modo naturale lungo il percorso delle larve e delle ninfe trasportate dalla corrente.

Dovremo tenere la nostra lenza in leggera tensione per avere un maggiore controllo. In questo modo, dobbiamo sentire costantemente la nostra ninfa appesa mentre scende verso valle. Questo ci permetterà di ferrare tempestivamente al momento dell'abboccata, anche se a volte avremo l'impressione che il pesce si sia agganciato da solo.

Dovremo anche sviluppare la capacità di rilevare i

lievi tocchi o le sottili variazioni di pressione sulla lenza, che indicano che un pesce ci ha morso l'esca. Questa tecnica richiede quindi un alto grado di sensibilità e abilità da parte del pescatore.

Per quanto riguarda la costruzione di queste ninfe, vi do qualche consiglio: per farle viaggiare in prossimità del fondo impiegheremo del filo di rame o piombo avvolto intorno all'amo, la sua quantità deve essere calcolata in base alla velocità e profondità dell'acqua, questo permetterà alla nostra ninfa di raggiungere la profondità che noi desideriamo.

Per la costruzione del corpo impiegheremo dei fili di lana, più o meno grossi, andrà benissimo anche la lana mohair. La lana è consigliata per un motivo molto semplice, assorbendo l'acqua permette alla nostra mosca di affondare più rapidamente.

6.

Costruzione delle Mosche Artificiali

Dopo una breve introduzione alla pesca a mosca e alcune indicazioni per l'autocostruzione, è giunto il momento di iniziare a costruire le nostre prime mosche.

Costruire le proprie mosche è sempre stato per un pescatore un motivo di grande soddisfazione, riuscire a giocare d'astuzia con il pesce inducendolo a attaccare il nostro artificiale è un momento bellissimo, inspiegabile, non ha prezzo!

Per arrivare a questo non dobbiamo avere furia, bisogna soltanto lasciarci il tempo per imparare, guai a fare le cose in fretta.

Non è difficile, basta iniziare dalle costruzioni più semplici, aumentando l'esperienza ci renderemo conto che possiamo costruire in futuro anche dei modelli più impegnativi.

Cosa occorre per iniziare la costruzione delle nostre mosche?

Prima di tutto occorre un morsetto per tenere fermo il nostro amo, che dovrà avere l'anello al posto della paletta, avremo bisogno di alcune piume di gallo o di pernice, beccaccia o fagiano tanto per iniziare, se avete degli amici cacciatori chiedetele a loro, saranno felici di procurarvele.

Avrete bisogno anche di fili di seta di svariati colori, un bobinatore, una pinza per hackles e un annodatore.

Molti di questi oggetti li ho costruiti da me, potete vedere la loro costruzione dai video che ho messo nel mio canale YouTube Lelio Pesca.

La Camola

Per iniziare nel modo giusto, è consigliabile partire dalla costruzione di un modello molto semplice, impiegando materiali di facile reperibilità.

Quindi, partiremo con la costruzione di una camola; questa vuole imitare il primo stadio dell'insetto che deve ancora svilupparsi.

Materiali occorrenti:

- ami grub o diritti del n 10, 12 o 14
- filo di rame
- fili di lana mohair di vari colori, bianco,giallo ocra verde chiaro e arancio
- fili di seta colorati (o fili di cotone)

Attrezzi consigliati:

- un morsetto
- un bobinatore
- un annodatore

Iniziamo fissando il nostro amo al morsetto, prendiamo un filo di rame e incominciamo a avvolgerlo partendo dalla testa arrivando fino alla curvatura dell'amo, qui fisseremo un filo di lana mohair con il filo di rame, se non avete il mohair va bene anche un altro tipo di lana.

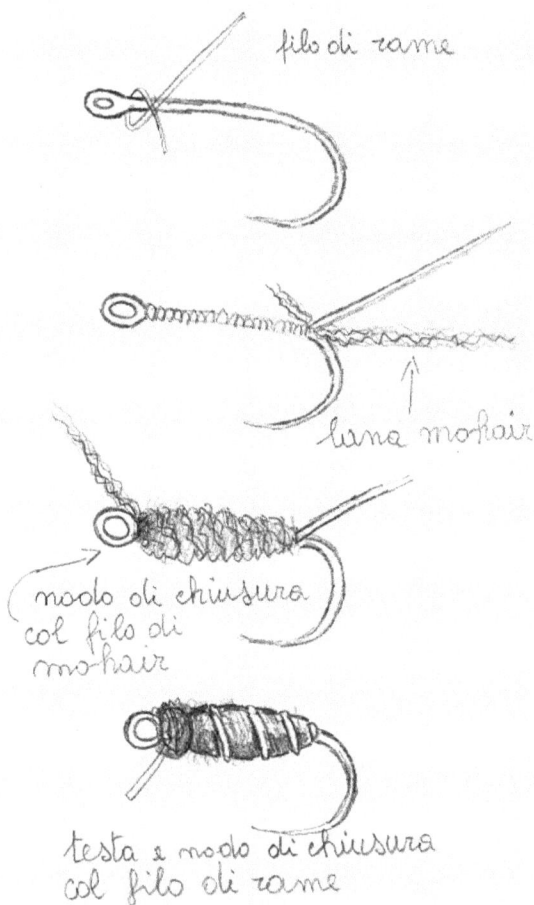

filo di rame

lana mohair

nodo di chiusura col filo di mohair

testa e nodo di chiusura col filo di rame

Adesso prendiamo il filo di lana e incominciamo a avvolgerlo dalla parte opposta fino a arrivare all'anello dell'amo, dando una conicità più rilevante nei pressi di quella che sarà la testa (aumentando i giri).

Sempre con il filo di lana eseguiamo il nodo di chiusura tagliando l'eccedenza. Per eseguire i nodi di chiusura, potete utilizzare l'annodatore. Se avete qualche dubbio sulla sua esecuzione, potete vedere benissimo i miei video su YouTube sull'autocostruzione delle mosche e troverete anche uno dedicato alla camola.

Prendiamo il filo di rame risaliamo verso l'anello dell'amo a larghe spire, questo servirà a fare il cerchiaggio. Arrivati all'anello dell'amo dobbiamo costruire una robusta testolina con diversi giri del filo di rame chiudendo con tre nodi di chiusura.

La nostra camola è pronta, aumentando o diminuendo la quantità di filo di rame, costruiremo camole più o meno pesanti, per farle viaggiare in prossimità del fondo o a mezz'acqua. Questo semplice modello possiamo benissimo impiegarlo per la pesca a mosca sommersa o ninfa.

Lo Spyder

Gli spyder sono delle mosche sommerse molto facili da costruire, ancora oggi ci stupiscono per la loro semplicità di costruzione e per il loro potere catturante, sono delle sommerse veramente micidiali.

Materiali occorrenti:

- filo di montaggio cotone o seta nero
- filo di lana nero
- filo sintetico argentato
- piuma di beccaccia
- amo grub n14

Attrezzi consigliati:

- un morsetto
- un bobinatore
- un annodatore

filo di montaggio nero

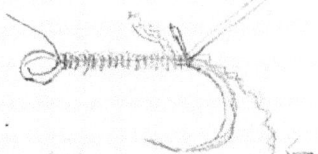

filo argentato→

filo di lana

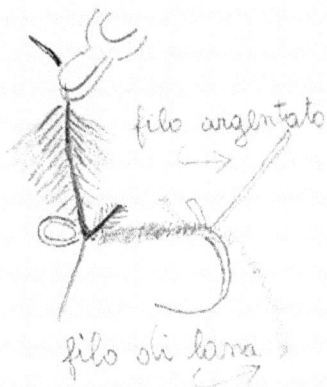

filo argentato

filo di lana

corpo in lana

filo di montagg.

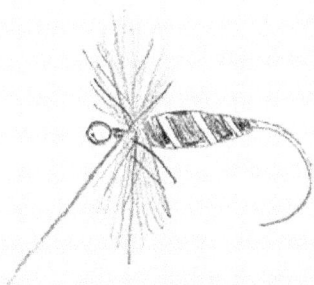

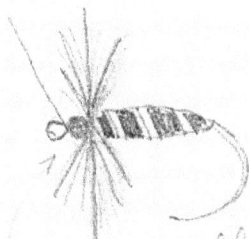

testa in filo di montaggio

189

Per cominciare, fissiamo il nostro amo grub del n°14 al morsetto e iniziamo la costruzione partendo dalla testa dell'amo fissando il filo di montaggio color nero.

Io uso del semplice filo di cotone o seta, avvolgo il filo fino alla curva dell'amo, fissando un filo di lana nero e un filo sintetico argentato che servirà per fare il cerchiaggio e dare luminosità al nostro spyder.

Risaliamo con il filo di montaggio verso la testa dell'amo, dove fisseremo una piuma di beccaccia. La piuma di beccaccia è molto indicata perché assorbe meglio l'acqua, in alternativa potete utilizzare altre piume similari.

Avvolgiamo la piuma con la pinza per hackles finché è possibile, fermandola con qualche giro del filo di montaggio tagliando l'eccedenza della piuma. Poi, avvolgiamo il filo di lana a strette spire risalendo fino alle hackles dando una certa conicità al corpo. A questo punto non ci rimane che fissare il filo di lana con il filo di montaggio. Poi, tagliate l'eccedenza del filo di lana.

Adesso prendiamo il filo argentato e a larghe spire

rosso, giallo, verde chiaro, arancio, marrone e azzurro.

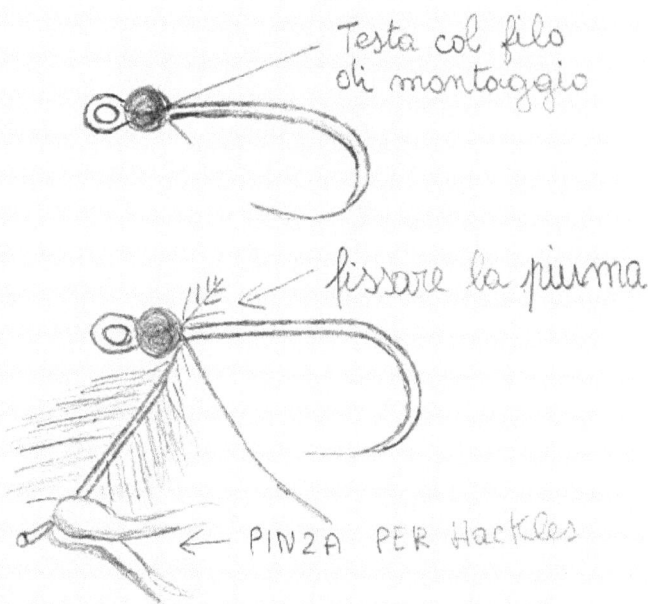

Testa col filo di montaggio

fissare la piuma

← PINZA PER Hackles

Adesso passiamo alla fase dell'applicazione delle piume. Io consiglio la piuma di gallo perché la più galleggiante, ma potrete optare anche per quella di gallina o fagiano. Quindi, prendiamo una piuma di gallo e fissiamola utilizzando il filo di montaggio con vari giri attorno alla testa dell'amo. Utilizzando delle pinze per hackle, avvolgiamo la piuma intorno alla testa dell'amo finché possibile. Successivamente, fissiamo l'estremità della piuma con diversi giri del filo di montaggio e tagliamo l'eccedenza.

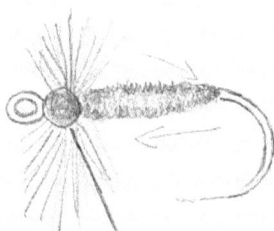

fissata la piuma an-
diamo giù con il filo di
montaggio fino alla curva
dell'amo e torniamo su
dando conicità al corpo

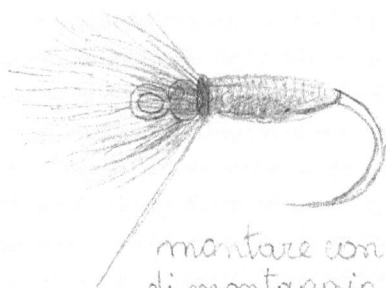

montare con il filo
di montaggio sopra
alle Hackles

Con il filo di montaggio, scendiamo verso la curva

dell'amo e poi risaliamo fino alle hackles, creando una forma conica per il corpo. Poi, avvolgiamo il filo di montaggio sopra le hackles finché non sono completamente rivolte in avanti, e quindi fissiamo il tutto con tre o quattro nodi di chiusura.

La nostra kebari è già costruita! Tutto qui? Direte voi. Certo! Avete visto che semplicità di realizzazione? Ma c'è molto di più dietro a questa semplice creazione perchè la bellezza della kebari risiede nella sua essenziale semplicità, che offre infinite possibilità di personalizzazione.

La magia inizia quando iniziate a esplorare le variazioni nel colore del filo di seta. Cambiando il colore, potrete creare mosche che sembrano modelli completamente diversi. Questo vi permette di adattare la vostra kebari alle condizioni specifiche e ai gusti dei pesci che desiderate catturare.

Inoltre, potete sperimentare l'utilizzo di ami di diverse dimensioni, come ad esempio quelli più piccoli. Questo vi consentirà di costruire mosche di dimensioni ridotte, ideali quando i pesci sono particolarmente diffidenti.

Ecco infine un'altra dimostrazione della sua versatilità. Ricordate che vi avevo detto che io la kebari la utilizzavo sia per la pesca a mosca secca che quella sommersa?

Bene, per utilizzarla come mosca secca, è consigliabile impiegare una piuma più lunga per avvolgerla con più giri attorno all'amo, migliorando la sua galleggiabilità.

D'altro canto, se vuoi usarla come mosca sommersa, basta utilizzare una piuma più piccola e fare meno giri attorno all'amo. In questo modo, la mosca avrà meno hackle e sarà più adatta a scivolare sotto la superficie dell'acqua, seguendo il flusso della corrente.

Come potete vedere, la versatilità della kebari offre una vasta gamma di opzioni per soddisfare le vostre esigenze di pesca.

Conclusioni sull'autocostruzione delle mosche

Per quanto riguarda la costruzione delle mosche artificiali mi fermo qui, ho voluto farvi conoscere dei modelli di facile costruzione.

Questi modelli sono alla portata di tutti, se avvertirete la necessità di costruirvi modelli più impegnativi, imitando le varie famiglie di insetti, vi consiglio di comprare dei libri dedicati alla costruzione di tutte la tipologie di insetti acquatici e terrestri.

Voglio avvisarvi di una cosa, quel libro vi creerà dipendenza, non smetterete più di voler costruire modelli sempre nuovi di mosche artificiali, vi affascinerà a tal punto di voler costruire l'insetto uguale a quello che in quel momento vedrete volare in prossimità del vostro spot di pesca. Imparerete a riconoscere le varie famiglie degli Efemerotteri, dei Tricotteri e Plecotteri oltre agli insetti terrestri che accidentalmente cadono in acqua; questi insetti sono compresi in questi due Ordini: i Ditteri e gli Imenotteri.

Riconoscere tutte queste varie famiglie di insetti per un pescatore a mosca è importantissimo, se vuole pescare con mosche di imitazione è logico osservare quelle che in quel momento stanno volando o cadendo in acqua, il pescatore a mosca non deve fare altro che prendere un modello simile dalla sua scatola porta mosche e presentarlo in maniera molto naturale al pesce con una leggera e delicata posa in acqua.

Il nostro amico pinnuto la scambierà per un insetto reale e abboccherà ignaro dell'inganno.

Il discorso sarà molto diverso se pescheremo con mosche di fantasia, allora andrà benissimo la nostra kebari, che grazie alle sue piume rovesciate in avanti richiamata con piccoli movimenti del nostro polso rilascerà delle vibrazioni, simulando un insetto che nuota invogliando il pesce all'attacco.

Spero di esservi stato d'aiuto con i semplici disegni delle auto costruzioni e con le parole scritte, se qualcosa non fosse chiaro potete sempre vedere le immagini dei miei video, vi illustreranno tutto quello che ho scritto in questo manuale di pesca.

Conclusione

Cari amici lettori e pescatori, arrivati a questo punto mi fermo qui, voglio ringraziare tutti voi per avermi permesso di condividere questa bellissima esperienza della bella passione che abbiamo in comune: la pesca.

Con questo libro voglio farvi capire quanto è stata importante per me, l'attenta osservazione delle acque.

Tutto questo mi ha fatto capire molte cose sull'abitudine dei pesci, ho capito dove potevo trovarli in ogni stagione e anche di cosa si alimentavano.

Questo è servito a facilitare la mia pesca sia in acque dolci e salate, anche pescando con tecniche diverse.

Ho concepito questo libro sulla pesca fai da te con un obiettivo chiaro: dimostrare che per pescare con successo non è necessario possedere una costosa attrezzatura di marca. La realtà è che possiamo goderci la pesca allo stesso modo, se non di più, con un equipaggiamento semplice e, in molti casi, autocostruito.

Diamo un'occhiata alle fondamentali verità: il pesce è interessato solo all'esca. È l'esca, e solo l'esca, ciò che cattura la sua attenzione e lo induce ad abboccare. Al pesce non importa se utilizziamo una canna costosa o una costruita da noi stessi. Questo aspetto riguarda solo noi pescatori, la cui passione per l'attrezzatura può spesso prendere il sopravvento.

Spero sinceramente che abbiate trovato soddisfacente e divertente il processo di costruzione della vostra attrezzatura. Realizzare da soli canne, galleggianti e esche artificiali aggiunge un elemento di creatività e soddisfazione personale all'arte della pesca. È una dimostrazione di quanto sia gratificante imparare a fare da soli e mettere in pratica le proprie capacità manuali.

Infine, desidero esprimere la mia sincera gratitudine a tutti voi lettori.

Grazie per aver scelto di esplorare il mondo della pesca fai da te attraverso questo libro.

Spero che il contenuto vi sia piaciuto e che lo abbiate trovato informativo e utile.

Auguro a ciascuno di voi di trascorrere giornate piacevoli e appaganti durante le vostre avventure di pesca, ricordando sempre che la vera essenza della pesca risiede nell'amore per la natura e nella gioia di catturare il pesce, indipendentemente dall'attrezzatura che utilizzate.

Con affetto, il vostro Lelio!

LA PESCA SEMPLICE CON IL PANE

Il Vero Segreto?
L'Esperienza!

Lelio Zeloni

TENKARA E BAMBÙ

Il Pescatore e la Tenkara

-

L'Arte del Pescare con l'Antica Tecnica di Pesca a Mosca Giapponese

Lelio Zeloni

Milton Keynes UK
Ingram Content Group UK Ltd.
UKHW041222021124
450589UK00005B/569

9 781803 613697